이승만과 하지 장군

이승만과 하지 장군

차상철 지음

이승만: "남조선 미군사령관 하지 중장은 좌익에 호의를 가지고 있으며, 남조선 미군정 당국은 조선공산당의 건설과 강화를 위한 노력을 계속해 왔다."(1947)

하지: "이승만은 남한에 수립될 정부 혹은 남북한의 통일정부에서 완벽하고 성공적인 수반(대통령)이 될 수 있는 길을 내가 가로막았다고 생각하고 있기 때문에 아마도 지금 그 어떤 한국인보다도, 미국인보다도, 혹은 러시아인보다도 더 철저히 나를 미워하고 있다."(1947)

차 례

1부

들어가며:
해방공간의 두 주역

대한민국의 초대 대통령으로 선출된 지 약 한 달 뒤인 1948년 8월 26일 우남(雩南) 이승만(李承晩, 1875~1965)은 남한 주둔 미 점령군사령관으로서의 고달픈 직책을 끝마치고 마침내 본국으로 돌아가는 군인정치가 존 하지(John Reed Hodge, 1893~1963) 장군에게 보낸 편지에서 지난 3년간의 군정(軍政) 기간(1945~1948)의 노고를 다음과 같이 치하했다.

오키나와의 전쟁터로부터 한국에 온 당신은 우리들이 당신에게 생소한 사람들이었던 것과 마찬가지로 당신도 우리들에게는 생소한 사람이었소.

비록 당신과 나 사이에 때로는 약간의 오해도 있기는 했지만, 지금 우리 모두는 완전한 자유독립의 주권국가로서의 대한민국을 수립하기 위한 당신의 결의가 성공하였음을 잘 알고 있소……. 하지 중장은 한국민의 가슴속에서 결코 잊히지 않을 것이며, 당신에 대한 우리들의 기억은 영원할 것이오.

하지는 태평양전쟁 동안 수많은 전투에서 투철한 군인정신을 발휘함으로서 '태평양의 패튼(Patton of the Pacific)'이며, '군인 중의 군인(soldier's soldier)'으로 평가받았다. 그러나 미국과 소련 사이의 첨예한 이념적 대결의 상징이며, 좌익과 우익의 충돌이 끈임 없이 지속되었던 낯선 땅 한국에서의 정치전장(政治戰場)에서는 패장의 신세를 면치 못했다고 생각했던 하지에게 있어서 이승만의 위로는 지극히 의례적이

하지 장군과 이승만, 1946년 11월

고, 외교적인 관행에 지나지 않았다. 군정 3년 동안 두 사람의 관계가 그야말로 견원지간(犬猿之間)의 상태로 악화되었기 때문에 하지는 이승만 대통령의 인간적인 격려와 위로를 처음부터 기대하지도 않았다.

이승만뿐만 아니라 해리 트루먼(Harry S. Truman) 대통령, 케네스 로열(Kenneth C. Royall) 육군장관, 오마 브레들리(Omar N. Bradley) 육군참모총장, 그리고 직속상관인 더글러스 맥아더(Douglas MacArthur) 일본 주둔 연합국 최고사령관도 대한민국의 건국에 이바지한 하지의 '현저한 공적'을 높이 평가했다. 또한 서울대학교도 하지에게 명예법학박사 학위를 수여하기도 했다.

그러나 하지는 미국의 한국점령정책이 완전히 실패했다는 사실을 그 누구보다도 잘 알고 있었다. 민주적이고 독립된 통일한국의 건설이라는 트루먼 행정부의 애당초 공식적인 정책목표는 성취되지 못하고, 오히려 이념이 서로 다른 적대적인 두 개의 정권이 등장하고 있는 현실을 그가 목격해야만 했기 때문이었다. 한반도의 분단과 이승만의 집권을 바라보면서 '쫓기듯이' 서울을 떠나야만 했던 하지의 심정도 매우 착잡했을 것이다.

훗날, 하지는 고도의 정치력이 요구되었던 군정 3년 동안의 쓰라린 경험과 고통을 다음과 같이 솔직하게 털어 놓았다.

미군정의 최고 책임자로서의 직책은 내가 지금까지 맡았던 직책들 가운데 최악의 직무(worst job)였다. 만약 내가 정부의 명령을 받지 않는 민간인의 신분이었다면 1년에 1백만 달러를 준다고 해도 나는 그 직책을 결코 수락하지 않았을 것이다.

한국 현대사의 길목인 해방공간에서 이승만과 하지는 분명히 남한 정치계의 핵심적인 인물들이었다. 군정이라는 특수한 상황 속에서 그들이 지닌 정치적 비중 때문에 그들에 대한 역사적 평가도 다양하게 존재하고 있다.

군정 3년 동안 한 차례 국무부는 하지의 해임문제를 거론한 적이 있었고, 하지 자신이 맥아더에게 사표를 제출한 적이 한 번 있었다. 1947년 말 국무부는 총선거 실시 문제와 관련하여 이승만의 독선적인 주장과 행동을 효과적으로 제어하지 못하고 있다는 이유로 하지를 교체할 필요가 있음을 제기했으나 육군부의 강력한 반대로 무산된 일이 있었다. 그리고 평소 하지의 능력을 높이 평가하고, 신임했던 맥아더는 1946년 1월 말에 제출한 하지의 사표를 즉각 반려했다. 또한 로버트 패터슨(Robert P. Patterson) 육군장관은 하지에 대한 "전폭적인 신임"을 표명했고, 드와이트 아이젠하워(Dwight D. Eisenhower) 육군참모총장도 하지의 "오랜 경험과 지식"을 높이 평가했다.

그러나 군정 기간 동안 국무부의 동북아시아국 부국장이었으며, 한국문제의 국제연합 이양을 주장했던 존 엘리슨(John M. Allison)은 하지의 정치적 지도력이 매우 미숙했다고 지적하기도 했다. 뿐만 아니라 학계에서도 미국의 일본점령정책과 맥아더에 관한 연구로 널리 알려진 애리조나 대학의 마이클 샐러(Michael Schaller) 교수는 하지의 정치적 감각과 기술이 수준 이하였다고 평가했으며,『한국전쟁의 기원 I-II』이라는 저서로 유명해진 시카고 대학의 브루스 커밍스(Bruce Cumings) 교수도 하지를 아시아에서의 초기 냉전의 형성과 심화에 중요한 역할을 담당했던 '조숙한 냉전주의자(a premature cold warrior)'였으며, 초기 냉전시기의 '전형적인 인물'이었다고 간주했다.

또한 1940년대 미국의 한국정책을 집중적으로 연구하는 학자들인 아이오아 주립대학의 찰스 돕스(Charles M. Dobbs), 조지아 대학의 윌리엄 스툭(William Whitney Stueck Jr.), 그리고 캘리포니아 주립대학의 제임스 매트레이(James Irving Matray)도 비록 하지가 탁월한 야전 지휘관이기는 했지만, 군정의 최고 책임자라는 군인 정치가로서는 적임자가 결코 아니었다는 점을 강조했다.

반면, 국내 학계의 하지에 대한 본격적인 연구는 아직까지도 활발하지는 않지만, 기존의 평가들도 서로 엇갈리고 있다. 즉 하지는 군정 3년 동안 "한국정치의 운명을 쥐고 있던" 인물로 묘사되기도 했고, 하지의 정치적 태도가 "처음부터 일관하여 실수에 가득 찬 것"이었기 때문에 혼란과 불안만을 가중시켰다고 비판받기도 했다. 심지어 한국 현대사를 전공하는 일부 학자들에는 하지의 "점령 통치는 한반도에 분단의 씨앗을 뿌렸"고, "조숙한 냉전의 용사였던 하지는 실질적으로 중요한 부분에서까지 대한정책을 입안하고 결정했다."는 설득력이 없는 주장도 제기되었다. 한편으로는 한국민뿐만 아니라 하지 자신도 미국의 무계획적이고, 비현실적인 한반도 정책의 '궁극적인 희생물'이었다는 분석도 오래전부터 제시되었다.

한편, 이승만의 역할에 대한 역사적 평가도 사뭇 다양하다. 그를 '건국의 아버지'로 높이 추앙하는가 하면, 한반도 '분단의 주역'이라고 단정하기도 한다. 대부분의 학자들은 이승만이 고집, 독선, 그리고 자존심이 유달리 강했던 인물이었다는 점에 의견을 같이하고 있다. 그러면서도 이승만을 긍정적으로 평가하는 학자들은 그를 해방정국의 소용돌이 속에서 '국민통합의 상징'이었으며, 대한민국의 '건국사업의 주역'이었으며, 건국이라는 어려운 사업을 오직 '필설(筆舌)의 힘'으로 달성시킨 '희세(稀世)의 위재(偉才)'였다고 강조했다.

그러나 이승만의 행동과 역할을 부정적으로 평가하는 학자들은 그를 '근대적 민족의식'이 결여된 채 오로지 "권력에 오르기 위해서는 무슨 일이든지 할 수 있는 인물"로서 "민족분열을 심화"시킨 장본인이었다고 규정하기도 하며, 혹은 그를 "외세의 국가이익 추구에 편승하여 이 나라(한국)을 분단하는 데 앞장"섰던 인물이라고 지적하면서 그의 반통일 분단노선은 궁극적으로 한국전쟁이라는 '민족상잔의 비극'을 초래하게 만든 중요한 원인이었고, 따라서 오늘날 분단국가로서 한민족이 겪고 있는 고통도 "이승만의 지도노선에 일단의 책임이 있다."고 비판하기도 했으며, 혹은 그를 통일국가의 수립을 적극적으로 방해한 주도적인 인물로서, "해방정국이 지닌 온갖 모순의 인격화(人格化) 그 자체"였다고 혹평하기도 했으며, 혹은 이승만은 "분단국가 수립에서는 '건국의 아버지'일 수 있어도, 통일국가 수립에서는 '분단의 주역'이 아닐 수 없었다."고 평가되기도 했다.

또한 냉철한 현실주의자였다는 시각에서 이승만을 이해하는 학자들은, 그의 남한단독 정부수립론이 오랫동안 "당위론적 통일정부론에 의해 폄하되고 백안시되어 왔다."는 사실을 예리하게 지적했다. 한반도에서 벌어지고 있는 미소 간의 이념대결의 특수 상황에서 그가 주장한 남한만의 국가건설론은 '민주주의와 독립'이 보장되는 '냉전구조 속에서 차선책'이었으며, 나아가 그는 미국의 한국정책에 맹종만 한 것이 아니라 '대(對)소련 경계론'에 근거하여 '독자적인 정견과 판단' 하에 처신한 면이 많았으며, 그러한 점에서 그의 단독 정부수립론은 "남한의 정치적 현실과 북한과의 관계에서 인식된 그의 실천적인 전략이었다."고 평가하기도 했다.

이렇듯 이승만과 하지에 대한 역사적 평가는 다양하다. 2015년 올해는 광복과 분단 70주년을 맞이하는 해이다. 이승만과 하지를 제외하고, 해방공간 3년을 제대로 재구성하는 작업은 불가능하다. 해방정국의 핵심적인 주역들인 이승만과 하지의 정치적 신념과 역할, 그리고 한계를 가능한 객관적인 접근을 통하여 새롭게 재조명하는 일은 의미 있는 작업이 될 것이다. 군정 3년 동안 이들 두 사람 사이의 관계는 불신과 불화, 그리고 갈등과 증오로 악화되어 갔다. 이러한 견원지간의 관계를 초래하게 만든 근본적인 요인은 해방 후 한국의 정치적 장래에 대한 그들의 구상과 신념이 서로 달랐던 데에 크게 기인했다고 볼 수 있다.

이 소책자의 중요한 목적은 미군정 3년 동안 남한 정치계를 소용돌이치게 만듦으로써 심각한 정치적 대결과 갈등의 원천으로 작용했던 두 개의 정치적 현안들인 '한반도 국제신탁통치안'과 '남한 단독 정부수립론'에 대한 이승만과 하지의 인식과 대응을, 그 당시 그들이 처한 현실적인 상황여건과 정치적인 입장을 고려하여 심층적으로 분석·평가하는 것이다.

2부

하지의 군정 실시와
이승만의 귀국

하지의 남한점령과 군정 실시

원래 하지 육군중장이 지휘하는 제24군단은 1945년 11월로 예정된 일본 본토를 공격하기 위하여 오키나와에 주둔하고 있었다. 하지가 38도 이남 남한지역 미 점령군사령관으로 임명된 가장 중요한 이유는 일본이 항복할 당시 그의 부대가 가장 빨리 한국으로 이동해 올 수 있는 위치에 있었기 때문이다. 1945년 7월 6일 태평양지역 미군 총 사령관인 더글러스 맥아더(Douglas MacArthur) 장군은 산하 지휘관들에게 한국과 일본의 점령에 따른 지시사항들을 담은 '블랙리스트 계획(Black List Plan)'을 배부해 주었다. 이 '블랙리스트 작전'에 의하면 점령군의 최초 임무는 일본 군대의 무장해제와 통신시설에 대한 통제였다.

조지프 스틸웰(Joseph W. Stilwell) 육군대장이 지휘하는 제10군이 원래 남한을 점령하기로 예정되어 있었는데, 8월 12일 맥아더는 스틸웰에게 하지의 부대가 점령임무를 맡게 되었다고 통보했다. 하지의 제24군단은 처음에는 제10군 산하에 배속되어 있었지만, 8월 중순에 맥아더의 직접 지휘를 받는 직속부대로 변경되었다. 맥아더는 중국과 한국에 들어오는 미 점령군이 스틸웰의 지휘를 받게 되는 것에 중국의 장제스(張介石)가 강력하게 반대했다는 사실을 스틸웰에게 설명해 주었던 것이다. '정력적인 조(Joe)'로 널리 알려진 스틸웰은 태평양전쟁 동안 장제스의 참모장으로 근무했는데, 중국의 전쟁수행정책의 방향을 둘러싸고 자주 장제스와 충돌한 바 있었다. 이러한 사정으로 맥아더는 하지를 남한지역에 대한 점령임무를 맡기게 되었던 것이다.

하지로서는 이 점령임무가 예기치 않았던 명령이었고, 따라서 결코 유쾌한 임무는 될 수 없었다. 왜냐하면 앞에서도 언급했지만, 하지의 부대는 일본공격을 목적으로 조직되어 훈련되고 있었기 때문이었다. 따라서 제24군단에는 군사정부 운영에 필요한 요원들은 없었다. 문제해결의 방법에서 매우 직선적인 태도를 지닌 하지는 1945년 8월 21일 마닐라에 있는 맥아더사령부를 방문했지만, 한국정세 특히 38도선의 기원에 대한 정확한 이해를 얻는 데에는 별다른 도움이 되지 못했다. 어쨌든 일리노이주 출신인 52세의 하지는 그의 부대가 주둔한 위치 때문에 남한의 통치자로 본의 아니게 선택되었던 것이다. 8월 27일 하지는 공식적으로 주한 미 점령군사령관의 직책을 맡게 되었다.

맥아더는 하지 장군에게 남한점령을 위한 3단계 작전명령을 시달했다. 제1단계는 서울과 인천지역을 점령하고, 조선총독부로부터 소관업무를 인계받은 다음, 연합국 최고사령관 직속의 주한 육해군 지휘부를 창설하는 것이었다. 제2단계는 부산지역을, 제3단계는 전주와 군산지역을 점령하는 것이었다. 미 점령군에 맡겨진 또 다른 구체적인 임무들로서는 점령군의 작전수행에 방해가 될지 모르는 한국인들과 그 조직들에 대한 감시와 억압, 육해로의 교통수단과 통신수단의 확보, 그리고 남한 내에 법과 질서의 유지를 주된 목적으로 하는 군사정부의 설치 등이 포함되었다.

하지(1893년 6월 12일~1963년 11월 12일)는 일리노이주 골콘다에서 출생했는데, 1912년에서 1913년 사이에 남 일리노이 사범대학을, 그리고 1917년에는 일리노이 대학(University of Illinois)을 다녔는데, 거기서 건축공학을 공부했다. 제1차 세계대전에 미국이 참전함에 따라 1917년 5월 일리노이주에 있었던 미 육군 장교후보생학교(the Army Officers' Candidates School)에 입학하여 같은 해 8월 보병소위로 임관되었다.

　제1차 세계대전 동안 유럽에서의 근무를 마친 하지 대위는 1921
년 10월에 미시시피 농과대학에서 군사학을 강의하는 ROTC 교관으
로 부임했다. 그 후 20여 년 동안 하지는 조지아주에 위치한 육군보
병학교, 메릴랜드주에 위치한 화학전 특수학교, 캔자스주의 참모대
학, 워싱턴의 육군대학, 그리고 앨라배마주에 있던 전술비행학교 등
지에서 지휘관 또는 참모로서 근무했다.

　1939년 제2차 세계대전이 발발했을 때 하지 소령은 육군부의 작
전국에서 근무하고 있었다. 일본의 진주만공격이 있은 후 얼마 되지
않아 하지 대령은 육군 제7군단의 참모장이 되었고, 1943년에는 남
태평양지역에서 사단장으로 참전했다. 그후 1944년 4월 하지 소장
은 태평양지역 육군사령부로 배속되어 일본군이 점령하고 있던 섬
들을 탈환하기 위해 새로이 편성된 제24군단의 지휘관으로 발령받
았다.

　하지는 태평양지역의 여러 전투에서 후퇴할 줄 모르는 용감한 지
휘관으로서의 명성을 얻었다. 그리하여 많은 무공훈장도 받았는데,
그의 대담하고도 공격적인 성격은 그로 하여금 '군인 중의 군인'이라
든지 '태평양의 패튼(the Patton of the Pacific)'이라는 칭호를 얻게 만들었
다. 이렇듯 전투에서는 탁월한 지휘관이었던 하지 중장은 이제 아주

낯선 나라인 한국에 고도의 정치력이 요구되는 점령군사령관으로
부임하게 되었다.

대부분의 다른 미국인들과 마찬가지로 하지 역시 한국인과 한국
의 문화와 역사에 대해 아는 바가 거의 없었다. 제2차 세계대전 초기
부터 프랭클린 루스벨트 행정부는 독일·일본·오스트리아 그리고
필리핀에 대한 점령과 군정계획을 구체적으로 준비해 오고 있었지
만, 한국의 경우는 달랐다. 많은 고위 정책 수립가들에게 있어서 한
국은 마치 서자(庶子)와 같은 존재였다. 그러한 이유로 하지가 분단
된 한국의 최고통치자로서 '총독'처럼 진주할 무렵 육군부와 국무성
부 모두 한국점령에 대비한 구체적인 사전 준비가 마련되지 않은 실
정이었다.

따라서 자신의 정치적 판단과 결정에 조언을 해줄 수 있는 유능한

서울에 들어온 미군을 환영하는 시민들

보좌관이 필요하다고 느낀 하지는 8월 18일 국무부를 대표하는 사람이 그의 참모로서 일할 수 있도록 해달라고 국무부에 요청했다. 하지의 요청을 받은 국무부는 제임스 던(James C. Dunn) 국무차관보의 추천에 따라 일주일쯤 지난 후에 베닝호프(H. Merrell Benninghoff)를 하지의 정치담당 고문으로 임명했다. 국무부의 하급관리인 베닝호프는 일본문제 전문가였는데, 한국에 관해서는 아무런 경험도 없었고 또한 지식도 거의 없었다.

베닝호프는 하지의 부대가 한국으로 떠나기 직전인 9월 3일 오키나와에 도착했다. 오키나와로 출발하기 전에 베닝호프는 상부로부터 간단한 훈령을 받았지만, 그것은 하지로 하여금 한국에 대한 전반적인 정책을 이해하는 데에 거의 도움이 되지 못했다. 한국에 관한 구체적인 지침서를 받지 못했던 하지는 처음에 한국의 궁극적인 독립 시기나, 남한의 많은 정치단체들을 어떻게 취급해야 되는가 하는 문제라든지, 한국을 일본의 정치적·경제적 영향으로부터의 분리 문제라는 여러 가지 어려운 문제들에 대해 자신의 상관들로부터 실질적인 도움을 거의 받지 못했다.

맥아더도 하지에게 거의 도움을 주지 못했는데, 왜냐하면 그 역시 미국의 한국정책에 대해 구체적으로 알지 못했기 때문이었다. 예를 들면 맥아더는 처음에 미국·소련·영국 그리고 중국 등 4개국이 한국을 점령하는 것으로 이해하고 있었다. 그리하여 8월 24일 존 매클로이(John J. McCloy) 육군차관보는 3부 정책조정 위원회에 건의문을 보내고, 미소 양국만이 한국을 점령한다는 사실을 맥아더에게 주지시켜야 한다고 강조했던 것이다. 또 매클로이는 다음과 같이 결론을 내렸다. 즉 "지금까지의 정보를 종합해 볼 때 점령군 병력이나 일본군의 항복을 접수하는 긴급한 문제들에 관한 사항 이외에는 맥아더에게 현재로서 아무런 지침을 하달할 수 없는 형편인 것같이 보인다." 이 말은 곧 트루먼 행정부 내부에서 한국에서의 민정(民政) 성격에 관해 아직까지 의견의 일치를 보지 못하고 있다는 점을 암시해주는 것이었다. 국무부의 입장은 일본군의 항복을 접수한 다음 가능한 한 빨리 비군사적인 분야에 대해서도 남북한의 점령군사령관들이 책임지고 통치해 가는 것이 정치적으로 바람직하다는 것이었다.

8월 25일 하지는 마닐라 주재 미국영사인 존슨(U. Alexis Johnson)과 만났는데, 그 자리에서 하지는 일본점령에 따른 최초의 정책명령서가 한국에도 그대로 적용될 것이라는 점을 알게 되었다. 그 명령서의 내용에 준해 따른다면 1945년 9월 15일 이후에야 비로소 한국 땅에 도착할 미 점령군은 "현재 한국에서의 행정적인 계속성을 유지하기 위하여 일본총독이나 그의 참모들을 그대로 이용한다."는 것이었다. 실제로 8월 24일 맥아더는, 남한을 가장 효율적으로 통치하

하지 중장과 소련의 슈티코프 대장

기 위하여 "필요하다고 인정하는 기간까지" 총독부 기구와 관리들을 '최대한 이용하라.'는 내용의 지시를 하지에게 보낸 바 있다.

　트루먼 행정부의 정책수립가들은 한국에 대해 신탁통치를 실시하기 전 단계로서 군정의 구조와 구성에 대한 미국의 정책을 수립하기 시작했다. 3부정책조정위원회 산하의 극동분과위원회는 8월 29일자로 된 보고서에서 일본의 항복을 접수한 후 가능한 빠른 시일 안으로 미국·소련·영국 그리고 중국 등 4개국에 의해서 민정을 담당할 중앙기구가 설치되어야 한다고 결론지었다. 또한 이 보고서는 이 중앙기구가 관리위원회(control council)의 성격을 띠어야 하며, 그 주요 기능은 한반도에서의 각국의 점령지역에 대한 정책과 활동을 상호 조정하는 임무를 맡아야 한다고 지적했다. 한편, 같은 날 하지는 직속 상급자들로부터의 적절한 지침을 받지 못했던 상황에서 자기 휘하의 3개 사단의 지휘관들에게 한국점령의 목적에 대해 다음과 같이 설명했다.

　　　군사적 점령의 목적은 (일본의) 항복을 접수하며, 국제연합의 전후목표들의 성취를 촉진시키는 데에 있을 것이다. 카이로 선언과 포츠담 선언의 원칙들은 준수될 것이다. 한국점령의 당면목적은 군국주의의 철폐, 처벌받아야 할 전범들의 즉각적인 체포, 일본의 무장해제와 비무장화, 인종차별의 폐지, 민주주의적인 요소들과 민주적 과정을 강화하고, 그리고 자유주의적인 정치 · 경제 · 사회단체들에 대한 지원 강화 등등이다.

원래 9월 중순쯤 예정되었던 미군의 한국점령 날짜는 몇 차례 상향조정 되었는데, 그것은 일본군의 강력한 저항이 있을 것이라는 이유 때문이 아니라 만주와 북한지역으로 소련의 점령 속도가 매우 빠르게 진행되고 있었기 때문에 취해진 조치였다. 8월 29일 하지는 맥아더로부터 소련군이 미군보다 먼저 서울지역을 점령할 가능성도 있다는 점에 특별히 유념하라는 내용의 보충지시를 받았다.

한국에 있던 일본인들도 역시 소련의 남하 속도에 상당한 우려를 나타냈기 때문에 여러 가지 상황을 미국에 설명해 주기에 이르렀다. 하지는 한반도 주둔 일본 육공군사령관인 고즈키 요시오(上月郎夫) 육군중장 명의로 된 8월 28일과 9월 1일자의 두 통의 메시지를 맥아더사령부로부터 전달받았다. 그 내용은 한국 내의 일본인의 생명과 재산을 위협할 소요사태의 발발 가능성에 관한 것이었다. 고즈키는 한국인들이 일본인에게 보복할지도 모른다는 점을 극히 우려하고 있었다. 8월 28일자로 된 메시지 내용은 다음과 같다.

현지의 일본 당국은 일본군으로부터 치안유지의 책임을 인계받을 연합국점령군이 조속히 도착하기를 고대하고 있으며, 또한 연합군은 일본군을 무장해제시키고, 또 행정조직들을 인계받는 절차를 진행시키기 전에 현지의 실질적인 사정을 충분히 고려해 줄 것을 기대한다.

하지로서도 미 점령군이 한국에 빨리 상륙해야 할 충분한 이유가 있다고 믿었지만, 그가 곧 알게 되었던 것은 그의 병력은 부대이동의 우선순위에서 맨 마지막 순서에 해당된다는 사실이었다. 어쨌든 하지는 고즈키의 여러 가지 우려에 대해 답신을 보내고, 고즈키가 답신 내용의 일부를 한국민에게 공개해도 좋다고 허락했다. 하지는 그의 부대가 한국에 도착할 때까지 일본 군대가 대신 치안을 유지하게 하고, 또 그에 따른 권한을 위임했던 것이다.

한편 미군 비행기들은 9월 1일부터 수일 동안 서울과 인천지역에 수십만 장의 삐라를 공중 살포했는데, 그 내용은 다음과 같은 것들이었다.

> 한국인들의 분별없고 경솔한 행동은 다만 불필요한 인명의 손실과 아름다운 한국 땅의 황폐화와 재건 기간을 연장시키는 사태만을 초래할 것이다. 한국의 장래를 위해서 한국민은 조용히 지내라. 당신네들의 나라가 내란에 의해 갈기갈기 찢어지게 만들지 말라.

또 다른 삐라는 한국인에게 질서를 지키라는 경고가 이랬다.

> 모든 한국인은 대규모의 소요와 유혈과 그리고 귀중한 재산의 손실 없이 하룻밤 사이에 정치제도를 바꾸는 것이 불가능하다는 점을 깨달아야 한다. 연합국의 포고문과 명령이 현존의 한국정부

(조선총독부)를 통해서 한국민에게 전달될 것이다. 명령을 위반한 자는 가차없이 처벌받을 것이다. 명령들을 절대적으로 준수하라. 일본인들을 규탄하는 시위나 미군을 환영하는 집회에 참석 하지 말라. 항상 평화스럽고 질서 있는 행동을 유지하라.

이렇듯 삐라들의 내용이 매우 강압적이고 명령조였기 때문에 많은 한국인들은 놀라움을 금치 못했으며, 나아가 미군이 과연 '해방자'로 오는 것인지 혹은 '정복자'로 오는 것인지에 대해 어리둥절했던 것이다.

실제로 맥아더가 하지에게 보낸 최초의 지시문의 내용 자체가 매우 애매모호했던 것이다. 왜냐하면 맥아더는 한편으로는 하지에게 한국을 일본의 일부분으로 취급하라고 지시했는가 하면, 또 다른 한편으론 한국민을 '해방된 국민'으로 취급할 것을 지시했던 것이다. 9월 7일 맥아더는 포고문을 발표하고, 또다시 한국민에게 "점령군에 저항하는 행위나 공공질서와 안녕을 파괴하는 어떠한 행위는 엄중한 처벌을 받게 될 것이다."라고 경고했다. 맥아더는 또한 군정기간 동안 영어가 남한에서 공식어로 사용될 것이라고 선언했다.

심한 폭풍우 때문에 예정보다 하루가 늦어진 9월 5일 아침 하지와 제24군단 병력은 인천으로 항해하기 위해 오키나와를 출발했다. 3

일 후인 9월 8일 하지의 부대는 인천항에 도착했는데, 같은 날 오후 5시 30분까지 일본군의 아무런 저항 없이 인천지역을 점령했다. 하지의 부대가 인천상륙을 완료했을 즈음 미군을 환영하기 위해 인천항 부두로 행진해 가고 있던 약 500여명의 한국인들에게 일본 헌병대가 총격을 가해 2명의 한국인이 사망하고, 10여명의 부상자가 발생했다는 사실을 하지는 알게 되었다. 하지뿐만 아니라 대부분의 장병들에게는 대단히 낯선 나라인 한국에서 그들은 긴장된 분위기 속에서 하룻밤을 보내게 되었던 것이다.

일본군의 항복을 접수하기 위한 준비는 일본의 협력과 미군 선발대의 사전 노력으로 순조롭게 진행되었다. 인천상륙 4일 전인 9월 4일 하지는 일본군의 항복을 접수하는 문제를 현지의 일본 당국과 사전에 논의하기 위해 벤저민 탤리(Benjamin B. Talley) 육군대령을 단장으로 하는 선발대를 서울에 파견했다. 이들 선발대 요원들은 또한 미 점령군을 접견하기 위해 인천항에 왔던 총독부 관리들에게 항복접수를 위한 행사와 절차에 관해서 추가로 각종 지시를 하달했다.

9월 9일 오후 4시 서울에서 미국을 대표한 하지 장군과 미 해군 7함대사령관 토머스 킨케이드(Thomas C. Kinkaid) 제독이, 그리고 일본측을 대표한 고즈키와 해군제독 야마구치 기사부로(山口儀三郞), 그리고 조선총독 아베 노부유키(阿部信行)가 일본의 항복문서에 정식 서명했다. 조인식이 끝난 직후 조선총독부 건물에는 일장기 대신 성조기가 게양되었고, 남한지역에서의 미군정이 공식적으로 시작되었다.

이승만의 귀국

이승만은 분명 한국 현대사의 거목(巨木)이다. 모든 나무가 거목이 될 수 없듯이 누구나 원한다고 해서 '역사적' 인물이 될 수는 없다. 탁월한 지도자는 대체로 일생을 바쳐도 좋을 만한 뚜렷한 목표와 그 것을 달성하기 위한 투철한 신념과 사명감을 지니고, 닥쳐올 미래의 주역으로서 손색이 없도록 자신을 철저하게 준비시키고, 관리해 온 인물이었다고 해도 좋을 것이다. 이승만의 경우도 예외가 아니다.

19세기 말 한반도는 제국주의 열강의 세력권 확장을 위한 각축장 이었다. 1894년에 발발한 청일전쟁에서의 중국의 패배와 일본의 승 리는 한국의 독립 보전(保全)과 정치적 장래에 어두운 그림자를 던져 주었다. 곧이어 한국에 대한 일본의 야욕이 드러나고 있었다. 한반도를 에워싼 동북아시아의 급변하는 정세는 청년 이승만으로 하여금 '역사적' 인물의 길을 걷게 만든 중요한 계기로 작용했다.

20세(1895)가 되던 해, 이승만은 미국인 선교사가 설립한 배재학당(培材學堂)에 입학하여 신교육을 받았다. 특별히 그의 영어실력은 뛰어났다. 22세(1898)에 배재학당을 졸업할 때 이승만은 영어로 '한국의 독립(Independence of Korea)'이라는 제목으로 연설을 하기도 했다. 배재학당은 "유생(儒生) 이승만을 서구 지향의 근대적 개혁가-혁명아로 개조시켜 놓은 용광로"였다.

1899년 1월 이승만은 고종 황제를 폐위시키고, 새로운 혁신정부를 수립하여 급진적인 정치개혁을 하려는 음모에 가담했다는 혐의로 체포되었다. 그는 한성감옥(漢城監獄)에 투옥되어 5년 7개월이라는 짧지 않은 옥살이를 했다. 이승만에게 있어서 감옥생활은 시련과 좌절의 세월이 아니라 그 자신이 '역사적' 인물로 성장하는 데 필요한 다양한 지식과 소양을 축적하는 소중한 기회로 이용되었다.

감옥생활을 하는 동안 이승만은 한국의 독립 보전과 각종 개혁방안을 모색하면서 미국·일본·중국·러시아의 역사와 법률에 많은 관심을 보였고, 특히 국제관계와 외교에 대한 관심도 매우 컸다. 1904년 8월 특사(特赦)로 한성감옥에서 석방될 당시 29세의 청년 이승만은 이미 개화기(開化期) 한국의 '최고'의 지식인 중의 한 사람으로 부

상하고 있었다.

출옥한 지 얼마 되지 않아 이승만은 11월 초 미국으로 떠나게 되었다. 러일전쟁에 휘말려 대한제국(大韓帝國)의 운명이 바람 앞에 놓인 등불처럼 위태롭던 시점에 그가 한국의 독립보존을 위한 외교활동을 펼치라는 고종의 밀명을 받았기 때문이었다. 1905년 8월 4일 '영어 잘하는' 이승만은 우여곡절 끝에 시어도어 루스벨트(Theodore Roosevelt) 대통령과 면담할 수 있는 기회를 얻었다.

이승만은 루스벨트에게 1882년에 체결한 '한미약조'에 따라 미국이 '불쌍한 나라의 위태함'을 건져달라고 요청했다. 루스벨트는 이승만의 청원이 한국 정부의 공식적인 외교통로를 통해 미국정부에 제출되어야 한다고 지적했다. 루스벨트의 답변은 의례적인 '레토릭(rhetoric)'의 수준을 넘어선 '기만'행위였다. 이승만의 루스벨트 면담은 불행하게도 때늦은, 그리고 불필요한 만남이 될 수밖에 없었다. 이승만이 루스벨트를 만나기 불과 며칠 전인 7월 31일, 미국 육군장관 윌리엄 태프트(William Howard Taft)와 일본 수상 가쓰라 타로(桂太郎)는 미국이 일본의 한국 식민지화를 인정해 준 소위 '태프트-가쓰라' 밀약(密約)을 이미 체결했기 때문이다.

물론 이승만은 이 '밀약'의 존재와 내용을 새카맣게 모르고 있었다. 1924년 '밀약'의 내용이 세상에 알려졌을 때 이승만이 받았을 엄청난 충격과 허탈감은 충분히 미루어 짐작할 만하다. 냉혹한 국제정치에서 '외교'의 행태와 실상을 이승만은 온몸으로 체험했고, 나아가 그것은 '역사적' 인물로 성장해 간 이승만에게 한시라도 잊을 수 없는 소중한 교훈이 되었다. 1905년 '불쌍한' 처지에 놓인 한국에 대한 미국의 '배신행위'를 이승만은 평생 동안 결코 잊을 수가 없었다.

후일 대한민국의 초대 대통령으로서 이승만은 신생 독립국가의 생존과 안보를 담보하기 위한 최선의 현실적인 처방책인 '한미군사동맹'의 체결을 위한 험난했던 대미(對美) 협상과정에서 반세기 전의 미국의 '배신'을 끊임없이 제기하면서 법적 구속력이 있는 '한미상호방위조약'의 체결을 집요하게 강요했고, 끝내 자신의 의지를 관철하는 데 성공했다. 이승만 대통령의 '성공'은 치열했던 냉전의 시기에 누구보다도 미국의 생리와 처지를 꿰뚫고 있었던 1급의 '미국전문가'인 '외교가' 이승만의 탁월한 협상능력의 산물이라고 말해도 좋을 것이다.

1905년부터 1910년까지 약 5년 반 동안의 미국 유학과 33년간의 미국 망명생활은 이승만을 당대 최고의 '미국전문가'로 만들기에 충분했다. 이승만은 조지워싱턴 대학에서 2년 반 동안 수학하고, 1907년 만 32세의 나이에 학사학위를 획득했다. 미국의 수도인 워싱턴에 위치한 대학에서 공부했기 때문에 자연히 그는 미국 정치의 '내막'을 읽을 수 있는 '안목'도 키울 수 있었다. 그리고 이승만은 세계적인 명문대학인 하버드 대학과 프린스턴 대학에서 2년 반 동안 수학하면서 각각 석사학위와 박사학위를 수여받았다.

프린스턴 대학원에서 그는 국제법을 전공하면서 부전공으로 미국 역사와 철학사를 선택했다. 1910년 프린스턴 대학에 제출한 그의 박사학위논문 제목은 「미국의 영향을 받은 '국제법상' 중립(Neutrality As Influenced By the United States)」이었다. 이 논문은 1912년 프린스턴 대학 출판부에서 출판될 정도로 우수한 학문적 평가를 받은 연구였다. 미국 유학생활은 결국 이승만으로 하여금 서양의 역사, 특히 미국 역사와 정치학·철학 등 인문·사회과학의 학문적 기반 위에 국제법을 심층적으로 연구한 '한국 역사상 최초의 국제정치학자'로 만들었다.

1910년 일본 제국주의의 강압에 의해 한국이 식민지로 전락한 이후 이승만 박사는 빼앗긴 나라의 국권을 회복하기 위한 독립운동의 주역이 되기를 주문받았을 뿐만 아니라 그러한 역할을 스스로도 자임하고 나섰다. 일제 강점기 동안 이승만은 상하이(上海) 대한민국 임시정부(이하 임정)의 '임시 대통령'으로 선출(1919)되어 한국 독립운동의 최고지도자로 등장했고, 한성정부(韓城政府)의 집정관총재(執政官總裁)의 권한으로 '구미위원부(The Korean Commission to America and Europe)'를 미국의 수도 워싱턴에 설치(1919)했으며, '워싱턴 군비 축소회의(The Washington Naval Disarmament Conference, 태평양 군축회의, 1921.11.12~1922.2.6)'와 '국제연맹(The League of Nations)'에 파견될 한국 대표단 전권대사로 각각 임명(1921, 1932)되었고, 중경(重慶) 임시정부 로부터 '주미외교위원부(駐美外交委員部)'의 위원장으로 임명되어 대미 외교의 전권을 위임(1941)받았다.

이승만은 임정의 대표성을 지니는 화려한 직함에도 불구하고 한국의 독립과 임정의 승인을 얻기 위한 그의 외교적 노력은 궁극적으로 수포로 돌아가고 말았다. '워싱턴 군축회의'가 개막되기 직전 이승만 전권대사는 워런 하딩(Warren G. Harding) 대통령에게 한국 대표단의 회의 참가 허용과 한국의 독립을 위한 청원서를 보냈지만, 미국정부는 아무런 반응을 보이지도 않았다. 냉혹한 국제정치의 현실에서 식민지 한국을 지배하고 있는 일본의 입장과 주장을 고려해야만 하는 미국으로서는 '무반응'과 '무시'가 최선의 방책이었을 것이다. 이승만은 '워싱턴 회의' 참가 실패가 일차적으로 한국 대표단의 준비부족에 기인한다고 지적했다. 그러나 설령 철저히 사전 준비를 했더라도 임정을 승인하지 않고 있는 미국의 정책 때문에 사정은 크게 달라지지 않았을 것이다.

1941년 6월 4일 대한민국 임시정부는 이승만을 주미외교위원부

위원장으로 임명했다. 1945년 8월 15일 일본의 무조건 항복으로 태평양전쟁이 종식될 때까지 이승만은 프랭클린 루스벨트(Franklin Delano Roosevelt) 행정부 상대로 임정을 승인해 줄 것을 끈질기게 요청했다. 그러나 미국은 표면적으로는 '임정'이 한국민의 대표성이 결여되어 있다는 명분을 내세워 승인할 수 없다는 입장을 고수했지만, 실제로는 루스벨트 대통령이 제안하여 조지프 스탈린(Joseph V. Stalin)과 윈스턴 처칠(Winston S. Churchill)이 동의한 '한반도 국제신탁통치안'의 전후(戰後) 실시 방침을 미국이 고수하고 있었기 때문에 임정에 대한 승인 획득은 현실적으로 불가능한 것이었다.

일본 제국주의가 한반도를 강점하고 있었던 기나긴 세월 동안 한국의 조속한 독립을 달성하기 위한 이승만의 분주했던 외교행각은

초라하기 그지없는 38선 표지판

실패와 좌절로 점철된 회한(悔恨)의 여정(旅程)이었다. 그러나 '역사적' 인물로서의 임무를 적극적으로 감당해야 한다고 믿고 있었던 이승만에게 있어서 거듭된 실패와 좌절도 내일의 성공과 재기(再起)를

위한 거름과 보약(補藥)으로 작용되었다. 왜냐하면 '독립운동가' 이승만의 대미외교 실패는 '대통령' 이승만의 대미외교 성공을 위한 소중한 교훈이 되었기 때문이다.

해방된 조국은 국내외에서 명망이 높은 이승만의 조기 귀국을 재촉했고, 그 또한 조국의 부름에 한걸음으로 달려가 건국의 주역으로서의 막중한 사명을 자신이 감당하겠다는 의지도 강렬했을 것이다. 멀고도 먼 이국(異國) 땅에서 길고도 긴 망명생활을 청산하고, 그리운 고국 땅으로 돌아오는 고희(古稀)의 노정객(老政客) 이승만의 귀국 길에도 숱한 우여곡절이 있었다. 1945년 10월 16일. 마침내 이승만은 한국을 떠난 지 33년 만에 꿈에도 그리던 조국의 품으로 다시 돌아왔다. 그러나 한반도가 38선에 의해 분단되고, 남북한이 미국과 소련의 군대에 의해 분할점령되고 있으며, 게다가 좌익과 우익의 적대적인 이념대결로 동족 간의 혈투가 벌어지고 있는 조국의 불행한 현실은 하루속히 군정(軍政)을 종식시키고, 자유민주주의 체제에 입각한 새로운 국가를 건설해야 한다는 철저한 '반공·반소주의자' 이승만의 의지를 더욱 견고하게 만들었다.

태어날 신생 독립국가의 최고 지도자가 되려는 커다란 야망을 품어온 이승만은 맹목적인 '친미주의자'는 결코 될 수가 없었다. 수십 년 동안 미국 유학과 망명생활을 하면서 미국이 저질렀던 '배신행위'

와 '기만' 그리고 '무관심'으로 이승만이 겪어야만 했던 쓰라린 경험들은 그로 하여금 맹목적 '친미주의자'가 아니라 미국의 정치와 외교의 속성을 누구보다도 잘 아는 철저한 '지미(知美)주의자'로 만들었다.

나아가 강대국에 의한 약소국의 희생이 다반사처럼 자행되는 냉혹한 국제정치의 현실에서 이승만은 초강대국인 미국이 지닌 힘과 영향력의 위력을 너무나도 잘 알고 있기 때문에 한국의 독립과 생존의 확보를 위해 미국을 반드시 붙잡아야만 하는 '유일한' 국가라고 굳게 믿었던 철저한 '용미(用美)주의자'였다.

3부

이승만과
하지의 불화:
한반도 국제신탁
통치안

1945년 8월 15일, 태평양전쟁이 종식되는 동시에 40년 동안 일본 제국주의의 기나긴 식민통치의 질곡에서 마침내 한국민도 해방되었다. 불행하게도 그것은 진정한 의미의 해방이 아니었다. 한국민은 38도선을 경계로 한반도의 남쪽과 북쪽에 미국과 소련의 점령군이 주둔하는 슬픈 현실을 목격해야만 했기 때문이었다.

일본의 무조건 항복이 예상보다 빨리 실현되었기 때문에 해방은 한국민에게 함석헌(咸錫憲)의 표현처럼 '도둑같이 뜻밖에' 찾아왔다. 준비되고 예상된 해방을 맞이하지 못하고, 갑자기 찾아온 해방과 미소의 한반도 분할점령은 한국민의 스스로의 힘으로 한국의 정치적 장래를 주체적으로 이끌어 가고, 설계하기 어려운 상황 속으로 빠져

히로시마에 떨어진 원자폭탄은 일본 패망의 결정적 요인이 되었다.

들게 만든 중요한 요인으로 작용했다.

　제2차 세계대전 동안 프랭클린 루스벨트와 해리 트루먼 행정부는 한국의 독립은 전쟁이 끝난 후 일정 기간에 걸쳐, 미국, 영국, 소련, 그리고 중국 등 4개국에 의한 국제신탁통치를 받은 다음에야 비로소 가능할 것이라고 판단하고 있었다.

미국이 제의하고, 소련, 영국, 그리고 중국이 동의한 한반도 국제 신탁통치안은 기본적으로 한국민의 자치능력이 결여되어 있다는 잘 못된 인식에 기초하고 있었다. 그러나 한국의 지도자들은 자주적인 독립국가를 운영할 수 있는 능력이 충분히 있다고 믿고 있었기 때문에, 태평양전쟁이 종식된 후 한반도 신탁통치안이 몰고 올 엄청난 파장은 한민족의 정서와 자존심을 고려할 때 불문가지의 일이었다.

일본이 항복한 직후 미국과 소련의 점령군은 한반도에 진주하여 각각 남북한지역에 군정(軍政)을 실시했다. 연이어 터져 나온 한반도 신탁통치안을 둘러싸고 벌어진 치열한 논쟁과 갈등은 미소의 관계 악화, 트루먼 행정부 내부에서 국무부와 국방부의 정책상의 견해 대립과 불화, 그리고 한국문제의 해결을 위한 현지 미군정 당국과 본국정부의 현저한 시각 차이를 초래했다.

그러나 무엇보다도 신탁통치안으로 인한 최대의 피해자는 후일의 역사가 말해 주듯이, 물론 한국민이었다. 신탁통치안은 한반도의 분단결정, 미소의 공동점령과 군정 실시, 남한에서 좌익과 우익의 극심한 이념적 갈등과 투쟁, 남한과 북한의 대립과 적대감의 고조, 이승만과 김일성(金日成)의 집권을 통한 두 개의 적대적인 정권의 등장, 나아가 비극적인 동족상잔의 한국전쟁의 발발 등 한민족의 시련과 고통의 연속으로 이어진 초기 한국 현대사의 전개과정을 잉태시킨 근원적인 요인이었다고 말할 수 있기 때문이다.

제2차 세계대전 동안 미국은 전후(戰後) 세계전략의 차원에서 독일, 오스트리아 그리고 일본에 대한 구체적인 점령계획을 사전에 충분히 수립해 놓았다. 그러나 한반도의 경우는 달랐다. 하지 중장이 1945년 8월 27일 남한 주둔 미 점령군 사령관으로 임명될 때까지도 한국점령을 위한 국무부나 육군부의 준비나 훈련계획은 거의 없었다. 따라서 해방 직후 미국은 남한의 혼란스러운 정치적 상황에 적절히 대처할 수도 없었다.

앞에서도 언급했지만 하지가 남한지역 미 군정의 최고 책임자로 임명된 것도 실로 우연

미 제7사단 제32보병연대 병사들이 서울역에서 남대문으로 행진하고 있다.

한 일이었다. 일본 본토를 공격하기 위하여 오키나와에 주둔하고 있었던 그의 제24군단이 현실적으로 가장 빨리 한국으로 이동할 수 있는 지리적 위치에 있었기 때문이다. 대다수의 미국인들이 그러했듯이 한국에 대한 지식이 거의 없었던 하지로서는 고도의 정치력이 요구되는 남한점령과 통치임무는 전혀 예상치 못한, 따라서 결코 유쾌하지 못한 명령이었다.

미 점령군이 인천에 상륙한 다음날인 9월 9일 오후 4시 일본의 항복을 접수하기 위한 의식이 하지와 조선총독 아베 노부유끼(阿部信行) 등이 참가한 가운데 서울에서 거행된 직후 조선총독부 건물에 일장기 대신 성조기가 게양됨으로써 남한에서의 미군정이 공식적으로 시작되었다.

군정 첫날부터 하지는 한국민의 분노를 사게 만들었다. 왜냐하면 군정 당국의 지시를 효율적으로 집행하기 위하여 아베 총독과 상당수의 일본인 관리들을 "하루가 될지, 혹은 1년이 될지 모르지만" 당분간 그대로 근무하도록 하겠다고 발표했기 때문이다. 하지의 발표는 물론 그의 독단적인 결정은 아니었고, 단순히 일본점령에 관한 본국 정부의 지침을 한국에도 그대로 적용시켰을 뿐이었다. 어쨌든 하지의 발표로 야기된 한국민의 격양된 감정을 해소하기 위하여 트루먼 행정부는 아베를 비롯한 모든 일본인 고위 관리들을 해임시키라는 새로운 훈령을 9월 14일 하지에게 전달했다. 하지의 권위와 위신이 크게 손상되었다. 이렇듯 군인정치가로서의 하지의 출발은 혼동과 좌절감 속에서 시작되었다. 군정 기간 내내 하지는 충분한 사전 준비도 없이 남한을 점령하게 되었을 뿐만 아니라 본국으로부터 적절한 지침을 제때에 받지 못했다는 사실을 자세하게 지적하면서 자신이 겪은 어려움을 여러 차례 토로하기도 했다.

하지가 한국에 도착하기 전에 받은 명령은 한국에서의 '어떠한 사실상의(de facto) 정부'도 인정해서는 안 된다는 것이었다. 트루먼 행정부의 기본적인 한국정책은 일정 기간 신탁통치를 실시하는 것이었기 때문에 즉각적인 한국의 독립은 미·소가 한반도를 분할점령하고 있는 상황에서 미국이 독단적으로 결정할 수 있는 문제도 아니었을 뿐만 아니라 애당초부터 미국의 의중에도 없었다. 따라서 미국은 조선인민공화국(인공)만이 아니라 대한민국 임시정부도 합법적인 망명정부로 간주하지 않았기 때문에 인정하지 않았다.

미국이 어떤 적극적인 조치들을 취하지 않는 한, 남한의 정치적 혼란상태가 계속될 것이라고 판단한 하지는 9월 13일 직속상관인 맥아더에게 다음과 같이 보고했다.

현재 남한은 언제 폭발할지도 모르는 화약고와 같다고 비유하는 것이 가장 적절하다. 한반도를 두 개의 점령지역으로 분리하여 점령국들이 단일 지휘체계를 수립하지 않고, 서로 다른 점령정책을 실시한다는 것은 한국을 해결 불가능한 상황으로 만들 뿐이다. 나는 내 자신의 행동만으로는 해결할 수 없는 2가지의 엄청난 어려움을 안고 있다. 첫 번째는 내가 한국민의 장래에 관해서나 한국의 앞날이 어떻게 전개되어 갈 것인지, 두 점령국에 의해 한반도가 지금 거의 완전하게 분단된 상태인데 그 해결책이 무엇인가에 대해서라든지, 그리고 당장의 군사적 필요성을 넘어 점진적으로 취해질 연합국이나 미국의 한국정책들이 무엇인가에 대한 정

1945년 11월 23일 하지 중장이 보내준 군용기편으로 귀국한 김구를 위시한 임시정부 요인들

보를 갖고 있지 못하다는 점이다. 두 번째는 한국에 도착한 나의
부대의 병력이 매우 부족하고, 또한 유능한 참모나 군사요원들이
적기 때문에 오직 제한된 지역만을 통치하고 있으며, 그로 인하여
전반적인 영향력을 행사하지 못하고 있다는 점이다.

이렇게 남한의 현지 사정을 설명한 다음, 하지는 맥아더에게 1) 한
국의 장래에 관한 국제적인 정책을 수립하고, 발표할 전담기구를 서
울에 설치할 것, 2) 군정업무와 동양문화에 익숙한 고급장교들을 자
신의 휘하에 배속할 것, 3) 점령 기간과 총선거를 실시할 때까지 '상
징적인 간판인물들(figure-heads)'로서의 역할을 맡기기 위하여 중국
에 있는 임정 요인들을 귀국시키는 것이 바람직하다는 것 등을 건
의했다.

또한 하지는 어려운 한국 상황에 효과적으로 대처할 수 있도록 본
국 정부가 즉각적이고도 구체적인 정책지침을 보내 줄 것을 요청했
다. 9월 24일 맥아더에게 보낸 또 다른 보고서에서도 하지는 연합국
에 대한 한국민의 불신과 한반도의 계속적인 분단은 미국의 국가이
익에도 도움이 되지 않는다고 지적하면서 미국과 소련이 공동으로
지지하는 한국 임시정부를 조속히 수립할 것을 주장했다.

하지의 건의는 본국 정부에 의해 적극적으로 수용되지 않았다. 딘

애치슨(Dean G. Acheson) 국무차관은 9월 26일 주미중국대사인 웨이타오밍(魏陶明)과의 회담에서 미국은 임정의 지도자들을 귀국시킬 준비를 하고 있고, 그들은 한국 정부를 수립하는 데 '개인자격으로' 도울 수 있을 것이라고 말했다. 그러나 트루먼 행정부의 고위 정책수립가들에게 있어서 한국문제는 여전히 뒷전으로 밀려 마치 '의붓자식(stepchild)'처럼 취급되었고, 한국에 대한 신탁통치는 성공적으로 실시될 것이라고 막연히 믿고 있었다.

워싱턴으로부터 구체적인 정책지침이 제때에 전달되지 않았기 때문에 현지의 군정 책임자로서의 하지의 어려움도 계속되었다. 심지어 결정된 정책지침이 늦게 서울에 도착된 경우도 있었다. 1945년 10월 13일 트루먼 행정부는 한국에 대한 '기본적인 정책지침(SWNCC 176/8)'을 승인하여 4일 뒤인 10월 17일에 도쿄의 맥아더에게 전달했다. 그러나 어떻게 된 일인지 그 지침이 서울의 하지에게 최종적으로 전달된 것은 한참 뒤인 12월이었다. 하지는 자신이 당면한 어려움을 이렇게 토로했다.

우리들로 하여금 무엇을 어떻게 해야 하는가를 가르쳐 줄 선례라든지, 지침들이 충분하지 않은 상태에서 일을 꾸려가고 있다. 우리는 우리들 자신에게 의존하고 있다.

'기본적인 정책지침'의 주요 내용은 1) 미국과 소련에 의한 남북한 분할통치, 2) 4개국에 의한 신탁통치의 실시, 3) 궁극적인 한국의 독립이라는 점진적인 과정을 담고 있었다. 또한 하지에게 다음의 사항을 주지시켰다.

> 비록 당신(하지)이 자칭 한국 임시정부라든지, 그와 유사한 어떠한 정치단체들의 존재나 조직, 그리고 활동을 허용해 줄 수는 있지만, 그러한 집단들을 정치적 목적을 위하여 이용해서도 안 되며, 또한 공식적으로 승인해서도 안 될 것이다.

이 지침은 하지가 신탁통치의 실시와 민주주의의 실현을 위해 필요한 정치적 안정을 확립하는 데 노력할 것을 지시했다. 그러나 신탁통치 문제를 둘러싸고

미군정은 미곡수집령을 내려 식량문제를 해결코자 하였다.

벌어진 좌우익의 대립이 날로 심화되는 상황에서 정치적 안정을 유지한다는 것은 하지로서는 매우 어려운 일이었다. 미국의 신탁통치안은 이승만과 김구(金九) 등 임시정부의 지도자들이 환국함으로써 더욱 거센 반발을 사게 되었다.

1945년 10월 16일. 이승만은 33년이라는 기나긴 망명생활을 마감하고 마침내 그리던 고국 땅을 밟게 되었다. 그러나 조국의 강토가 미국과 소련에 의해 분할 점령된 상태에서 또다시 외국의 통치를 받고 있는 서글픈 현실은 노정객(老政客) 이승만의 가슴을 아프게 만들었을 뿐만 아니라 '유아독존적·독선적 엘리트 의식과 그리고 정치적 야심'이 강했던 현실주의자로서 그의 건국구상에도 상당한 영향을 미치는 상황조건이었다고 말할 수 있다.

게다가 청년시절부터 유학시절, 그리고 망명생활이라는 수십 년동안 반러·반소(反蘇)주의적 태도를 견지함으로써 귀국할 즈음에는 이미 사상적으로 철저한 반공주의자로 굳어 버린 이승만에게 미소의 합작품인 한반도 국제신탁통치안은 비단 한민족의 자존심의 차원 문제에서가 아니라 현실적으로도 결코 용납할 수 없는 성질의 것이었다.

이승만은 자유민주주의와 자본주의 시장경제에 입각한 나라를 건설하기 위해서는 한국문제에 대한 소련의 개입과 간섭을 근원적으

1945년 10월 16일 귀국한 이승만 박사가 모터사이클의 호위를 받으며 서울 시내로 들어오고 있다.

로 차단해야 한다고 믿은 반면, 한반도에 자신의 건국 이상이 반영된 새로운 국가를 건설하기 위해서는 미국의 적극적인 지지와 지원이 필수적이라고 판단했다.

미국에 대한 이승만의 인식은 고정된 것이 아니라 역사적 사건과 상황의 전개에 따라 변모되어 갔다. 이승만은 평생 동안 철저한 '친미'주의자로 일관하지도 않았을 뿐만 아니라 일관할 수도 없었다. 역사적 조건과 시대적 상황은 그로 하여금 맹목적인 친미주의자로 마냥 머물 수 없게 만들었다.

청년 이승만은 배재학당과 한성감옥을 거치면서 민주공화국 미국을 맹목적으로 '숭배'하게 되었다. 5년 반에 걸친 미국 유학생활과 33년이라는 오랜 망명생활을 하는 동안 당대 최고의 미국전문가로 인정받아온 이승만은 '태프트-가쓰라 밀약'과 일본의 한국합병, 그리고 "한반도의 양분(兩分)에서 보여 준 미국의 배신행위"를 직접 목격했고, 또한 그것을 결코 잊지 않았다. 나아가 미국의 '배신'이 드러날 때마다 미국의 존재와 의미에 대한 그의 인식도 변화되어 갔던 것이다.

젊은 날의 맹목적인 '숭미(崇美)주의자'로서의 모습은 사라지고, 미국의 정치와 외교의 속성을 누구보다도 잘 아는 철저한 '지미(知美)주의자'로 변신한 이승만 박사는 해방 직후 귀국할 무렵에는 이미 확고한 '연미(聯美)' '용미(用美)주의자'로 변신해 있었다. 강대국에 의한 약소국의 희생이 다반사로 자행되는 냉혹한 국제정치의 현실에서 이승만은 미국이 지닌 물리적 힘과 영향력의 위력을 익히 알고 있었기 때문에 신생 독립국가 대한민국의 생존과 안보를 확보하기 위하여 미국을 반드시 붙잡아야만 하는 '유일한' 국가라고 믿었다. 대한민국의 건국과 보국을 위한 이승만의 노력과 실천은 철저한 '연미'와 '용미'에 기초한 지극히 현실적인 접근방안의 소산이었다고 평가할 수 있다.

이승만은 오래전부터 독립될 한국의 모습에 대한 나름대로의 구체적인 건국 구상을 갖고 있었다. 그의 건국 이상은 청년 시절부터 품었던 '개혁의 꿈의 연장'이었다. 그는 기독교 정신, 민족주의, 평등주의, 그리고 자본주의라는 이념들을 추구했던 독립협회의 일원으로서 대한제국의 개혁을 위해 과감하게 행동했을 당시 품었던 개화 선각자로서의 꿈을 간직해 오고 있었다. 이승만이 간직했던 건국의 이상은 한국에 '아시아의 모범적 예수교 국가' '동양의 모범적 민주주의 국가' '평등한 사회' '반공의 보루' 그리고 '문명 부강한 국가'를 건설하는 것이었다.

다시 말해 그는 한국을 개인의 자유와 평등이 최대한 보장되는 '민주주의적 기독교' 국가로 만들겠다는 염원을 지니고 있었다. 또한 미국식 대통령 중심제가 건국될 새 나라의 정부 형태로 바람직하다는 신념을 갖고 있었다. 일찍이 한국동포들에게 독립정신을 심어 주기 위해 한성감옥에서 순 한글로 집필한 『독립정신』(1904)에서 청년 이승만은 민주공화국인 미국의 역사와 정치제도를 자세히 소개하면서 모범적인 미국을 배워야 한다고 누차 강조했다.

미국도 이승만의 반소·반공주의를 오래전부터 익히 알고 있었다. 얄타 회담이 개최되기 직전 이승만은 조지프 그루(Joseph C. Grew) 국무차관에게 소련의 지원 아래 시베리아를 중심으로 활동 중인 조선

공산군이 한반도를 공격할지도 모른다고 경고하면서 한국에 공산주의 정부가 수립되는 것을 막기 위한 방법으로 한국 임시정부에 대한 즉각적인 승인을 강력히 촉구했다. 또한 해방 직후인 8월 27일 맥아더에게 보낸 전문에서 이승만은 "우리는 공동점령이나 신탁에 반대한다. 미국이 흘린 핏값과 소모한 막대한 비용의 대가로 미군만의 단독점령을 환영한다. 왜 우리가 러시아로 하여금 한국에 들어와 공산주의 정부를 수립하고 한국에서 유혈내전의 씨앗을 뿌리도록 허락해야 하는가?"라고 지적하면서 반소적인 입장을 분명하게 표명하기도 했다.

어쨌든 하지의 건의와 국무부의 방침에 따라 이승만과 임정의 요인들은 '개인자격'으로 귀국할 수 있게 되었다. 하지는 한국 임시정부를 '자신의 어린 손자'만큼이나 통치능력이 없는 '늙은 애국자들의 집단'이라고 간주했다. 그러나 그들의 환국을 촉구하는 국내의 여론이 비등했기 때문에 그들이 돌아오면 한국의 정치적 상황을 안정시키고, 나아가 한국민의 단결을 도모할 수 있을 것으로 하지는 판단했다. 이승만과 임정의 지도자들에게 거는 하지의 기대도 나름대로 높았다.

그러나 그 기대는 곧 수포로 돌아가고 말았다. 이승만과 하지의 관계는 상호협력의 관계로 발전되기는커녕 시간이 지날수록 오히려 상호불신과 반목, 그리고 증오의 관계로 악화되어 갔던 것이다.

멀고도 먼 이국땅에서 길고도 긴 망명생활을 청산하고, 그리던 조국 땅으로 돌아오는 이승만의 귀국길에도 숱한 우여곡절이 있었다. '개인자격'의 신분으로 귀국이 허락된 이승만은 마침내 10월 4일 오후 워싱턴을 출발하여 샌프란시스코와 하와이를 경유, 10월 10일 일본에 도착했다. 10월 16일 오전까지 도쿄에 체류하는 동안 이승만은 하지와 만나서 한국 주둔 미 점령군사령관이 접수하는 각서에 직접 서명을 했는데, 그 내용은 자신의 귀국이 허락된다면 일개 개인으로서 행동할 것이며 점령당국에 협조하겠다는 것이었다.

10월 16일 오후 5시, 이승만은 '하지 장군의 초청객'으로 김포비행장에 도착했다. 같은 날 귀국방송에서 그는 "평민의 자격으로 사행(私行)처럼 왔다."고 말하면서 "모든 정당과 정파가 협동하여 우리 조선의 완전무결한 자주독립을 찾는 것"이 자신의 희망이라고 강조했다. 다음날 내외신 기자들에게도 이승만은 '한국의 일개 시민'으로 귀국했음을 또다시 상기시켰다.

하지는 남한의 정치적 혼란의 수습을 위한 이승만의 역할에 거는 기대가 높았기 때문에 그를 극진히 대접했다. 또한 하지의 특별한 배려는 이승만이 해방되기 수십 년 전부터 한민족의 지도자로서 활동해 왔기 때문에 그의 명성이 한국인 사이에 매우 높았고, 해방 직

이승만이 환국 이후 처음으로 중앙청 광장 5만여명 인파 앞에서 대국민연설을 하고 있다.(왼쪽 끝이 하지 중장)

후에 실시된 각종 여론조사에서도 이승만은 항상 최고의 명망을 지닌 지도자들 중의 한 사람으로 나타났다는 사실에도 크게 기인했다. 이러한 연유로 하지는 군정이 소유한 호텔의 방과 자동차 연료, 그리고 개인 경호원도 제공하는 등 특별히 대우했다.

10월 21일 서울에서는 미 점령군을 위한 대규모의 환영대회가 5만 명이 넘는 군중이 운집한 가운데 개최되었다. 그 자리에서도 하지는 이승만을 한국의 독립과 자유를 위해 일생을 바쳐온 '위대한 인물'이라고 극찬했다. 하지로부터 최고의 예우를 갖춘 소개를 받은 이승만은 답사에서 38도선과 소련을 맹렬히 비난한 후, 한국민은 한반도의 통일을 위하여 끝까지 투쟁할 것이라고 천명했다.

이승만에 대한 하지의 특별대우는 그의 정치적 비중과 권위를 더욱 높이게 만들었을 뿐만 아니라 대다수의 한국인들의 눈에는 미국이 이승만을 장차 한국의 최고 지도자로 지목하는 증거로 비춰졌을 것이며, 소련은 이승만의 공개적인 반소(反蘇) 행동으로 인하여 그를 더욱더 기피인물로 간주할 수밖에 없었을 것이다. 그러나 조만간 한반도 신탁통치 문제를 둘러싸고 소련뿐만 아니라 하지의 군정당국과 트루먼 행정부도 이승만을 기피 내지 경원시하게 되었다.

10월 20일 국무부의 극동국장인 존 빈센트(John Carter Vincent)는 한국은 당장 자치할 수 있는 능력이 부족하기 때문에 일정 기간 신탁통치를 받아야 할 필요가 있다고 공개적으로 연설한 데 이어서 11월 초에는 미국은 빠른 시일 안으로 소련, 영국, 그리고 중국과 함께 한반도 신탁통치문제를 구체적으로 논의할 계획임을 표명하고 나섰다.

한국민은 빈센트의 발언에 즉각적으로 분노했으며, 신탁통치안을 강력히 반대하고 나섰다. 군정장관 아치볼드 아널드(Archbald V. Arnold)는 빈센트의 발언이 개인적인 견해일 뿐 점령당국의 공식적인 정책을 대변하는 것이 아니라고 해명하기도 했지만, 한국민의 의구심을 해소하는 데에는 아무런 도움이 되지 못했다.

하지도 본국 정부에 보낸 전문에서 한국과 관련된 어떠한 협정에서도 미국은 '신탁통치'라는 용어를 사용하지 말라고 건의했다. 물론 하지 자신도 한국은 '오랜 기간' 외부의 도움을 받을 필요가 있다고 인정했지만, 즉각적인 독립을 요구하는 한국민의 요구가 워낙 강력하기 때문에 신탁통치안은 궁극적으로 실패할 수밖에 없을 것이라고 판단하고 있었다. 그리하여 하지는 미국이 앞으로 한국민의 자발적인 협조를 구하고, 남한의 정치적 혼란을 방지하려면 한국민의 감정을 '심각하게' 고려해야 한다고 주장했다.

11월 20일 육군부에 보낸 전문에서 한반도 신탁통치안의 포기를 촉구한 바 있는 하지는 12월 16일 맥아더에게 보낸 보고서에서도 38도선의 제거, 신탁통치안의 포기, 한국의 조속한 독립을 연합국이 공개적으로 약속할 것 등을 건의했다. 나아가 하지는 필요하다면 미·소 점령군이 동시에 한반도로부터 철수하고, '자체 정화(self purification)'를 위해 한국 내의 소요 발생은 불가피하겠지만, 한국문제를 한국민 스스로의 힘으로 해결할 수 있도록 내버려 두는 방안이 신중하게 고려하는 것도 바람직하다고 건의했다. 육군부와 합동참모본부는 하지의 견해에 상당히 공감했지만, 국무부는 신탁통치만

반탁시위를 벌이고 있는 시민들

이 한국의 독립과 통일의 실현을 위한 유일한 방안이라고 고집했다.

12월 27일 모스크바에서 발표된 3상회의의 공동성명서의 한국조항은 미소 양국의 점령군의 대표들로 구성되는 공동위원회가 한국 임시정부와 협의한 후 미국, 소련, 영국, 중국이 최고 5년 동안 한국을 신탁통치하기 위한 협정을 체결하는 데 필요한 자료로서 이용할 수 있는 보고서를 제출한다는 것이었다. 또한 미국과 소련이 공동위원회의 건의에 대해 '최종적인 결정권'을 갖는다고 명시했다.

모스크바 결정은 한국민은 말할 것도 없고, 군정의 최고 책임자인 하지에게도 커다란 실망과 우려를 안겨 주었다. 남한의 언론은 신탁통치안을 '제2의 뮌헨' '또 다른 위임통치' 혹은 '국제적인 노예제'라고 신랄히 비난했다. 군정청의 수많은 한국인 관리들도 신탁통치안에 반대하여 출근을 하지 않음으로써 군정청의 기능이 마비되기도 했다. 김구는 '전 민족이 힘을 합하여' 신탁통치안을 분쇄할 것을 촉구했고, 특히 신탁통치는 민족자결주의의 원칙에 위배된다고 규정한 임정은 즉각적으로 정당, 사회단체 및 종교계의 지도자들로 구성

미소공동위원회 대표단

된 '신탁통치반대 국민총동원위원회'를 결성했다. 임정의 반탁투쟁이 격렬해지자 한때나마 군정 당국은 김구를 비롯한 임정의 요인들을 중국으로 다시 추방시킬 것을 고려하기도 했다.

이승만도 "탁치(託治)가 강요된다면 열국의 종속민족으로 우리에 대한 생살여탈권을 타인에게 맡겨 놓는 격이 될 것"이며, 소련의 사주를 받고 있는 공산주의자들의 탁치론은 "영원히 우리 반도와 국민을 팔아먹으려는 가중한 행동"이라고 규탄하면서 "반탁(反託) 시위는 당연"하다고 주장했다. 나아가 이승만은 공산주의자들은 궁극적으로 한국을 '소련의 위성국'으로 만들려는 저의를 품고 있다고 경고했다.

이렇듯 신탁통치 문제로 남한의 정치적 혼란이 계속됨에 따라 군정 당국은 본국 정부의 성명서나 언론보도용에 '신탁통치'라는 용어를 더 이상 사용하지 말라고 국무부에 요청했으며, 하지도 파문의 최소화하기 위해 개인적으로 신탁통치를 반대한다는 입장을 밝히기도 했고, 나아가 미소공동위원회가 신탁통치의 실시를 건의하지 않을 수도 있다는 제임스 번즈(James F. Byrnes) 국무장관의 발표도 있었지만, 한국민의 분노를 진정시키지는 못했다.

한반도의 분단과 한국전쟁의 발발이라는 엄청난 비극을 잉태시킨 '신탁통치안'은 남한의 정치계를 걷잡을 수 없는 혼란의 도가니로 몰아넣었다. 좌익과 우익의 갈등과 대립도 날로 심화되어 갔다. 미소공동위원회가 3월 20일부터 5월 6일까지 24회에 걸쳐 개최되었다. 그러나 공위가 협의할 대상의 선정문제를 둘러싸고 미국과 소련이 합의를 도출하지 못함으로써 5월 8일 공위는 무기한 정회에 들어갔다.

공위가 정회됨에 따라 남한 정치계는 1) 임정의 추대를 위해 노력했던 일부 우익세력이 반소(反蘇)·반공(反共) 선전활동을 더욱 강화해 가는 한편으로 이승만의 정읍 발언 이후 노골화되었던 남한만의 단독정부수립운동, 2) 본국 정부의 지시에 따라 군정 당국이 좌우합작을 권유함으로써 전개된 통일전선 세력의 민족국가 건

1946년 3월 20일 열린 미소공동위원회를 경비하고 있는 미군들

설운동, 3) 좌우합작에 반대한 조선공산당을 비롯한 극좌세력의 반미운동과 폭력혁명노선의 추구 등 3갈래 현상이 나타났다.

한편, 트루먼 행정부와 군정 당국도 공위의 결렬 원인을 분석했다. 하지는 한국민의 '유일하고도 공통적인 생각'은 독립뿐이라고 믿고 있기 때문에 신탁통치의 실시는 현실적으로 불가능하다고 판단하고, 본국 정부는 한국민에게 신탁통치를 강요할 의사가 있음을 시사하는 행위를 공개적으로 해서는 안 된다고 국무부에 또다시 '긴급히' 건의했다. 또한 하지는 한국에 임시정부가 수립된 후 미소의 점령군은 '가능한 가장 빠른 시일 안으로' 동시에 철수해야 한다고 생각하고 있었다.

미소의 한반도 공동점령이 계속되는 한 통일정부가 효율적으로 운영될 수 없다고 믿었기 때문이었다. 동시 철군이 늦어도 1947년 1월 1일 안으로 완전히 끝나야 한다고 생각한 하지는 그 길만이 한국에서 미국의 임무를 성공적으로 완수할 수 있는 유일한 방법이라고 판단했다. 그러나 국무부는 여전히 모스크바 결정의 이행이 미국의 기본적인 정책임을 강조했던 것이다.

국무부는 1946년 6월 초에 채택한 새로운 정책지침에서 미국의 정책에 대한 한국민의 지지를 획득하기 위한 노력을 계속하는 동시에 소련과의 합의를 도출하기 위한 여건을 넓히는 것이 필요하다고 강조하고, 이러한 목표를 달성하기 위하여 극우파인 이승만과 김구 등을 잠정적으로 정계에서 은퇴시킬 것을 권고하기도 했다. 사실 이전에도 국무부는 임시정부의 수립에 좌우익의 '비협조적인 극단주의자들'이 참여하지 못하도록 조치할 것을 여러 번 하지에게 지시한 적이 있었다.

하지 역시 극좌와 극우 모두 한국에 민주주의 정부를 수립하는 데 커다란 장애물이 되고 있다고 믿고 있었다. 어쨌든 국무성의 지시에 따라 하지는 좌우익의 온건한 중도세력이 중심이 된 정치적 통합을 이룩하기 위한 노력을 전개했다. 그러나 김규식(金奎植)과 여운형(呂運亨)을 중심으로 추진된 좌우합작운동은 군정 당국의 적극적인 후원에도 불구하고 극좌와 극우세력의 조직적인 저항과 당시 가장 중요한 정치적 현안이었던 신탁통치문제에 대한 합작추진위원회의 태도가 분명하지 않고, '관망적인' 태도를 보였기 때문에 일반대중의 폭넓은 지지를 받지 못했다. 비슷한 시기 중국 대륙에서의 국공합작(國共合作)의 결과가 그러했듯이 남한에서의 좌우합작도 끝내 실패하고 말았다.

강력한 중도세력을 형성하여 극우와 극좌세력을 제거하고, 나아가 이를 통해 앞으로 있을 소련과의 협상에서 유리한 발판을 마련하겠다는 미국의 의도가 수포로 돌아가자 1947년 1월 하순 하지는

"미·소 공위가 성공적으로 다시 개최되거나, 혹은 앞으로 2개월 이내에 한국문제에 대해 어떤 적극적인 조치가 취해지지 않는 한, 우리는 한국에서 우리의 공언된 임무를 달성할 수 있는 기회를 상실하게 될지도 모르며, 나아가 한국민으로부터 신뢰도 잃게 될 것"이라고 결론 내렸다.

1947년으로 접어들면서 트루먼 행정부는 하지의 견해와 육군성의 계속된 강력한 조기 철수 주장으로 인해 소련과의 협력을 통해 한반도에 민주적인 통일정부를 수립하겠다는 지금까지의 방침을 점진적으로 포기하고, 한국문제를 국제연합문제로 만드는 한편, 남한으로부터 '명예롭게' 철수할 수 있는 방안을 모색하기 시작했다. 이는 곧 지금까지 좌우익 사이의 정치적 갈등과 투쟁의 동인(動因)이었던 한반도 신탁통치안을 마침내 미국이 현실적으로 포기하는 것을 의미했다.

4부

이승만과
하지의 갈등:
남한 단독
정부수립론

미소공동위원회가 무기한 정회로 들어가고, 좌우합작운동이 본격적으로 추진되기 직전인 1946년 6월 3일 이승만은 정읍(井邑)에서 행한 연설에서 남한 단독 정부수립이라는 자신의 구상을 처음으로 제시하면서 다음과 같이 말했다.

　　이제 우리는 무기 휴회된 공위가 재개될 기색도 보이지 않으며 통일정부를 고대하나 여의케 되지 않으니 우리는 남방(南方)만이라도 임시정부 혹은 위원회 같은 것을 조직하여 38 이북에서 소련이 철퇴하도록 세계공론에 호소하여야 될 것이니 여러분도 결심하여야 될 것이다.

'정읍 발언' 직후 이승만은 우익진영의 통합조직인 대한독립촉성국민회와 민족통일총본부의 총재직을 맡고, 미군정의 전폭적인 후원 아래 진행된 좌우합작운동에 대항하면서 자신의 정치적 구상인 단독 정부수립을 실현하기 위한 노력을 본격적으로 추진해 나갔다. 이승만의 '단독 정부론'은 혼미한 해방정국의 주도권을 장악하기 위해 그가 선택한 고도의 정치적 승부수였다는 점도 물론 고려해야 할 것이다.

그러나 그의 '단독 정부론'은 소련의 통치하에 북한의 공산화가 가속화되어 가는 엄연한 현실에서 소련과의 협력을 통해 신탁통치를 실시한 후 통일정부를 수립한다는 미국의 정책은 결국 한반도 전체의 공산화를 필연적으로 초래할 것이기 때문에 우선 남한지역만이라도 민주적인 반공정부의 수립이 시급하고, 절실하다는 그의 현실주의적인 국제정치적 감각과 인식의 소산이었다고 평가해야 할 수 있다. 철저한 반공주의자 이승만에게 있어서

정읍 발언을 보도한 당시 신문

'통일 민족국가 건설론'은 민족적 당위론이기는 하지만, 동시에 너무나 관념적이고 이상주의적인 구호에 불과했다. 따라서 차선책으로서의 '단독 정부수립론'이라는 이승만의 '선택과 통찰'은 민주공화국 대한민국 건국의 출발점이라고 해도 좋을 것이다.

단독 정부수립을 위한 이승만의 주장과 노력을 근거로 그를 한반도의 분단고착과 민족분열의 '주범'으로 단정하는 것은 역사적 사실에도 정확하게 부합되지 않기 때문에 설득력이 없다. 소련이 해체된 후인 1993년 2월 말, 군정 시기뿐만 아니라 한국 현대사의 전개과정에 엄청난 영향을 끼친 스탈린의 지령이 담긴 문건이 발견되어 언론에 공개되었다.

소련군이 북한을 점령한 직후인 1945년 9월 20일 스탈린은 연해주(沿海州) 군관구(軍管區)와 제25군 군사평의회에 보낸 전문에서 "북조선에 반일적(反日的)인 민주주의 정당조직의 광범한 연합(블록)을 기초로 한 부르주아 민주주의 정권을 수립할 것"을 명령했다. 스탈린은 북한지역에 단독 정부를 수립하라고 지시한 것이다. 연해주 군관구 사령관이 스탈린의 지령을 북한지역 점령군 사령관인 이반 치스티아코프(Ivan M. Chistiakov) 대장에게 전달한 시점은 10월 초로 추정된다.

소련군정은 10월에 조선공산당 북조선분국(北朝鮮分局)과 북조선 5

도 행정국을 설립했고, 곧이어 1946년 2월 초 행정권과 입법권을 가진, 사실상의 단독 정부나 다름없는 '북조선임시인민위원회'를 창설했다.

이 모두는 이승만이 '단독 정부론'을 제기하기 이전의 일이었다. 스탈린의 명령은 한반도의 분단을 고착시키고, 나아가 남북한의 통합과 한민족의 통일을 근본적으로 불가능하게 만드는 방향으로 작동했던 것이다. 이렇듯 스탈린이 북한에 이미 단독 정부를 수립하기로 결정한 이상, 소련의 협조를 통한 남북한의 통합과 통일을 달성하기 위한 미국의 정책과 노력은 현실적으로 성공할 수가 없게 되었다.

어쨌든 국무부와 군정 당국은 이승만의 단독 정부수립론을 당연히 용납하지 않았다. 특히 이승만과 하지의 관계도 시간이 지날수록 악화되어 갔다. 두 사람은 군정 직후 잠깐 동안 상호기대와 협력의 관계를 유지하다가, 곧 상호불신과 증오의 관계로 돌변하고 말았다.

1946년 6월 초 서울에 온 이승만의 측근인 로버트 올리브(Robert Oliver) 교수와의 회동에서 하지는 비록 이승만이 한국에서 '가장 위대한 정치가'이기는 하지만, 끊임없는 그의 반소적인 행동으로 인하여 미국의 후원 하에 수립될 어떠한 정부에도 이승만은 "결코 참여할 수 없을 것"이라고 말하면서 자신의 감정을 노골적으로 표출하기도 했다. 또한 6월 11일 아처 러치(Archer L. Lerch) 군정장관은 출입기자단과의 회견에서 "만일 이박사가 남조선에 따로 정부를 세워야 한다고 하였다면 그것은 그의 입장에서 한 말이고······ 나는 군정장관으로서 남조선 단독 정부수립에 대해서는 절대 반대한다."고 지적하면서 이승만의 단정론을 강도 높게 비난하고 나섰다.

하지와 군정 당국의 적극적인 지원 아래, 이승만과 같은 극우파를 제거하기 위한 중도파 중심의 좌우합작운동이 전개되고, 7월 9일 하지에 의해 입법기관('남조선 과도입법의원')의 설치가 공포됨으로써 이

과도입법의원들과 하지 중장 등 미군정 요인들이 기념촬영을 하고 있다.

승만은 점점 군정 당국의 기피인물로 전락되어 갔다. 동시에 새로운 입법기관의 설치로 말미암아 군정의 최고 책임자인 하지의 자문기구인 '남조선 대한국민대표 민주의원(민주의원)'의 의장인 자신의 명예와 권위도 상당히 훼손되었다. 좌우합작운동의 중심권에서 밀려나 정치적으로 침묵할 수밖에 없음으로써 '잠정적 은퇴를 강요'당한 이승만으로서는 이 시기가 가장 어려운 시련기였다고 말할 수 있다.

그러나 이러한 어려운 정치적 입지 속에서도 이승만은 자신의 구상인 단정론을 결코 포기하지는 않았다. 이승만은 모스크바 결정의 철회와 남한 단독 정부수립이라는 자신의 주장을 관철하기 위해서는 미 국무부와 미국 여론에 직접 호소하는 것이 필요하다고 판단했다. 또한 그것은 자기에게 불리하게 돌아가는 국내의 정치적 상황을 반전시키는 좋은 계기가 될 수 있다고 생각했다. 그리하여 1946년 12월 4일 이승만은 미국으로 떠났다. 약 4개월 반 동안 미국에서 활동한 후, 이승만은 1947년 4월 21일 서울로 돌아왔다.

방미(訪美) 직전 이승만은 하지를 방문했다. 입법의원의 관선의원을 선출하는 것을 포기하라는 이승만의 요구에 하지는 자기는 이박사의 집권을 허용할 의사가 추호도 없다고 대꾸했다. 이에 이승만은 하지의 많은 잘못을 한국민에게 변호해 왔지만, 앞으로는 공개적으로 반대·비판하겠다고 응수했다. 그러자 하지는 한 번 결정된 미국의 정책은 변경되지 않는다고 말하면서 만약 군정의 정책에 협조하지 않는다면 이승만은 몰락할 수밖에 없을 것이라고 경고했다. 실제로 이승만은 미국에 체류하는 동안 하지를 공개적·본격적으로 비판하고 나섰다. 두 사람의 불화가 극에 다다르게 되었다.

서울을 떠나 도쿄에 도착한 후, 이승만은 기자들과의 회견에서 미소의 협상을 통한 통일정부의 수립은 전혀 불가능하다고 지적하면서 소련이 점령하고 있는 북한에는 '실질상의 정부'가 이미 수립되었기 때문에 "남한도 그와 같이 되어야 한다."고 또다시 역설했다. 12월 8일 워싱턴에 도착한 후부터 이승만은 단정론을 적극적으로 주창하는 과정에서 군정의 최고 책임자인 하지에 대한 강도 높은 비난을 계속했다.

이승만은 하지와 군정 당국이 남한의 좌익과 공산당을 옹호해 주고 있다고 신랄하게 비난했다. 물론 하지는 이승만의 단독 정부수립안을 저지하기 위하여 최선을 다했다. 하지는 이승만을 한국민 전체의 이익보다는 순전히 개인적인 욕심만을 추구하는 인물이며, 자기노선에 반대하는 사람은 모두 공산주의자로 매도하는 저질의 늙은이라고 간주했다. 그렇기 때문에 하지에게 있어 이승만은 '언제나 꼴도 보기 싫은 인물'이었다. 또한 하지의 정치담당고문으로 국무성이 파견한 조지프 제이콥스(Joseph E. Jacobs)도 이승만을 '정신적으로 비정상적인 바보 같은 늙은이'라고 취급했다.

반면에, 이승만은 하지를 점령군사령관직에서 몰아내기 위하여 비난의 강도를 높여 갔으며, 급기야 하지를 '자신과 미국의 공동의 적'이라고 규탄할 정도였다. 이렇듯 하지의 눈에는 이승만이 자신의 개인적인 정치적 욕망만을 앞세우는 과대망상증에 걸린 중환자로 비쳐졌고, 반대로 이승만은 하지를 한국의 조기 독립을 가로막고 있는 최대의 장애물로 여겼던 것이다.

1947년에 들어서면서부터, 하지와 군정 당국에 대한 이승만의 비판은 더욱 거세졌다. 1월 23일 워싱턴에서 발표된 성명서에서 이승만은 한반도 신탁통치안을 반대한다고 천명하고, "하지 중장은 좌익에 호의를 가지고 있으며, 남조선 미군정 당국은 조선공산당의 건설과 강화를 위한 노력을 계속해 왔다."고 주장했다. 또한 며칠 뒤인 1월 27일 이승만은 올리브 교수를 통하여 '한국문제의 해결방안'이라는 자신의 구상을 담은 문건을 국무성에 전달했다.

6개항으로 된 이 문건에서 이승만은 남한에 과도정부를 선출하여 양분된 한국이 재통일될 때까지 국정을 수행하며, 이 과도정부가 한반도의 점령과 다른 중요한 현안들에 관하여 미국과 소련을 상대로 직접 협상하도록 허용되어야 하며, 미소의 점령군이 동시에 철수할 때까지 미군은 남한에 주둔시켜야 한다는 점 등을 강조했다. 이승만은 자신의 해결방안에 대한 국무성의 견해를 전달받고 싶어 했지만, 빈센트 극동국장은 올리브에게 그와 같은 기대를 포기하라고 말했다.

이승만의 독선적인 성품과 철저한 반소주의자로서의 정치적 야망을 익히 알고 있었던 국무부는 아직도 소련과의 협력을 통한 한국문제의 해결이라는 기본방침을 고수하고 있었기 때문에 미국이 기피 인물로 간주하는 이승만에게 공식적인 반응을 보여 주는 것은 결과적으로 남한 내에서의 그의 정치적 위상만을 높여주는 것이라고 판단하고 일절 대응하지 않았던 것이다.

미국에서 하지와 군정 당국에 대한 이승만의 비난이 계속되고 있었던 2월 초, 마셜(George C. Marshall) 국무장관과 패터슨(Robert P. Patterson) 육군장관은 한국문제를 전담할 특별위원회의 설치에 합의했다. 이 위원회와의 협의를 위하여 하지는 본국정부의 소환을 받고 2월 14일 서울을 출발했다. 미국으로 떠나기 직전인 2월 12일 하지는 방한 중인 미국 언론인들을 위한 브리핑에서 북한의 무장 해제 없이 미소의 점령군이 철수한다면 남북한 사이에 '치열한 내전(a severe civil war)'이 분명히 발생할 것이며, 만약 미군이 남한에 계속 주둔하면 한반도는 두 개의 이질적인 집단으로 분단될 것이라고 지적했다.

하지는 5년 만에 처음으로 본국을 방문하게 되었다. 이승만과 올리브 교수를 비롯한 미국 내의 그의 추종자들이 의회 지도자들에게 미국의 점령정책이 실패했다고 주장하는 상황 속에서, 하지는 한국문제의 해결을 위하여 고위 정책수립가들과 심도 있게 논의하기를 희망했다. 2월 24일 트루먼과의 회동에서 하지는 한국문제의 해결을 위해 미국과 소련은 모두 노력해야 한다고 건의했다. 그 다음날 하지는 상원 군사위원회의 비공개회의에서 미국이 남한에서 철수하면 강력한 군사력을 지닌 북한이 남한을 지배하게 될 것이라면서 한국문제는 계속적인 점령을 통해서가 아니라 미소 양국의 협상을 통해 해결되어야 한다고 강조했다.

3월 3일 육군성의 고위 관리들과 가진 회의에서도 하지는 미국이 한국민을 제대로 상대하고자 한다면 단순히 '말뿐인 호의(lip service)'가 아니라 한국의 독립에 관한 미국의 약속을 한국민이 믿을 수 있는 어떤 적극적인 조치들이 취해져야 한다고 말했다. 또 미군의 철수가 초래할 영향에 대한 질문을 받고, 하지는 소련이 한반도 전체를 지배하게 될 뿐만 아니라 '처참한 내란상태(a good civil war, a lot of blood)'가 발생할 것이라고 답변했다. 나아가 하지는 "만약 어떠한 압력에 의해 미군의 철수가 이루어진다면 미국은 앞으로 한국민은 물론이고 동양인 전체에 대해 결코 고개를 들 수 없을 것"이라는 점도 지적했다. 이는 하지가 한국문제를 국제정치 무대에서의 미국의 신뢰성 문제와 연결시켰기 때문이었다. 그러나 육군부와 마찬가지로 하지도 한반도는 군사 전략적인 가치가 거의 없는 지역이라고 판단하고 있었다.

하지의 지적은 곧 '철수'와 '신뢰성'이라는 어려운 선택의 갈림길에 서있는 트루먼 행정부의 고민을 그대로 반영하는 것이었다. 군사 전략적인 관점에서 볼 때, 일본이 한국보다 훨씬 더 중요하기 때문에 만약 일본에 주둔하고 있는 미군을 철수한다면 미군의 남한 주둔은 의미가 없다고 하지는 믿었다. 그러나 하지는 "만약 미국이 아시아의 민주주의의 발전을 예의 주시할 강한 의지가 있다면" 남한만의 단독 정부수립의 필요성을 인정하기도 했다. 이는 기존의 미국의 공식적인 한국정책을 포기한다는 것을 의미한다.

1947년 4월 5일 하지는 서울로 돌아왔다. 본국 방문에서 하지는 군정의 최고 책임자로서의 자신의 임무를 성공적으로 완수하는 것이 현실적으로 어렵게 되어 있다는 사실을 분명히 깨닫게 되었다. 한국문제에 관한 워싱턴의 관심이 그토록 적다는 사실은 그로서도 '믿기 어려운' 일이었다. 1947년 8월 하순 남한의 현지 사정을 조사하기 위하여 서울에 왔던 앨버트 위드마이어(Albert C. Wedemeyer) 장군과 그 일행에게 하지는 다음과 같이 말했다.

내가 워싱턴에 체류하고 있는 동안에, 나는 미국이 한국으로부터 빠져 나와야 한다고 믿는 사람들이 의회뿐만 아니라 정부 고위층에서도 많다는 것을 느꼈다. 그러한 사정은 육군부뿐만 아니라 국무부의 일부에서도 마찬가지였다. 많은 미국인들은 한국으로부터 미군이 철수하는 것을 원하고 있었다.

미국의 한국정책에 대한 본격적인 재검토는 그리스와 터키 사태로 말미암아 미국의 유럽정책이 새로운 국면을 맞게 되었던 시점에 이루어졌다. 트루먼은 1947년 3월 12일 의회에서 행한 유명한 '트루먼 독트린(Truman Doctrine)' 연설에서 공산주의 세력의 확산을 적극적으로 봉쇄하겠다는 미국의 강한 의지를 천명했다. 3월 말에 작성된 한국문제담당 특별위원회의 보고서도 트루먼 선언의 정신을 담고 있었는데, 즉 독일을 비롯한 다른 중요한 지역에서 소련의 입지가 강화되지 않도록 하기 위해서라도 한국에서 소련의 팽창을 억제하는 것이 중요하다고 지적했다.

그러나 육군부의 주장은 예상한 대로 달랐다. 트루먼 선언이 한국 상황에 까지 확대 적용되어서는 안 된다는 것이었다. 패터슨 육군장관은 애치슨 국무차관에게 보낸 편지에서 "미국이 한국으로부터 빠져 나오기 위한 일련의 조치들을 강력하게 추진해야 한다고 믿으며, 모든 조치들은 조기 철수라는 목적을 달성할 수 있도록 그 초점이 맞추어져야 한다."고 주장했다.

또한 패터슨은 비록 조기 철수가 일본과 아시아에서의 미국의 이익에 어떤 부정적인 영향이 있을지도 모른다는 점을 인식하고는 있었지만, 계속적인 한국점령은 극동과 전 세계에 걸쳐 미국의 입장이 어렵게 되는 상황 속에서 미군의 철수를 단행할 수밖에 없는 국제적인 상황이 초래될 수도 있다는 점을 더욱 우려하고 있었다. 그리하여 패터슨은 한국문제를 국제연합에 이양하거나 그렇지 않으면 남한에 단독 정부를 수립하는 것이 미국이 한국에서 '명예롭게' 퇴진할 수 있는 대안(代案)이라고 말했다. 어쨌든 육군부의 확고한 주장은 시기를 놓치지 않고, 가능한 빨리 한반도로부터 철수해야 한다는 것이었다.

결국 트루먼 행정부는 '대외적인 신뢰도'와 '군사적인 가치'라는 두 개의 원칙의 모두 수용할 수 있는 묘책을 강구해야 하는 상황 속에서 국내의 여론과 특히 의회의 전반적인 분위기가 철군 쪽으로 기울고 있는 현실과 미소공위의 협상성과가 별로 없었기 때문에 국무부가 아닌 육군부(국방부)의 주장을 채택하게 되었다.

한편, 이승만은 공산주의의 확산에 대한 봉쇄정책을 천명한 트루먼 독트린이 발표되자 철저한 반공노선을 주창해 온 그로서는 자신의 정치적 입지가 강화될 것으로 믿게 되어 매우 고무되었다. 트루먼 독트린이 발표된 직후 트루먼에게 보낸 편지에서 이승만은 "당신은 자유를 사랑하는 전 세계의 모든 사람들에게 새로운 희망을 안겨 주었다."고 전제하고, "남한의 군정 당국이 트루먼의 정책을 따르고, 민족주의자들과 공산주의자들 사이의 연합과 협력을 추구하는 남한 군정 당국의 노력을 포기하도록 지시"하도록 요청했다.

또한 이승만은 남한에 '과도적 독립정부(an interim independent government)'를 즉시 수립하는 것은 공산주의의 팽창을 막는 '방파제'가 될 것이며, 나아가 남북한의 통일을 실현시키게 될 것이라는 자신의 주장을 되풀이했다. 물론 백악관과 국무부는 이승만의 요청을 무시하고, 답신도 보내지 않았다. 귀국 직전인 3월 하순, 30일 내지 60일 이내에 남한에 군정을 인계할 과도 독립정부가 수립될 것이라는 이승만의 말을 게재한 미국 언론의 보도에 대하여 국무부는 전혀 근거 없는 사실이라고 부인하기도 했다.

서울로 돌아온 이승만은 한국민을 상대로 자신의 방미외교 성과를 과시해 나갔다. 4월 27일 서울운동장에서 열린 귀국 환영대회에서 이승만은 다음과 같이 주장했다.

남한에 있어서 총선거가 지연되고 미군정이 실패한 것은 하지 중장이 공산파와의 합작을 고집하였던 때문이다. 나는 좌우합작의 성공을 믿지 않았다. 그러나 현재는 미국정책이 공산주의와의 합작을 단념하였음으로 캄캄하던 우리의 길이 열렸다. 우리 동포는 한데 뭉쳐 임시 입법의원으로 하여금 총선거법안을 급속히 제정케 하여 남북통일을 위한 남한 과도정권을 수립하여야 한다. 그리고 이를 유엔에 참가시킴으로써 우리는 자유로운 입장에서 소련과 절충하여 남북통일을 꾀하지 않으면 안 된다. 그리고 미(국)정책의 전환에 따라 우리가 미군정과 합작해서 우리 문제를 해결할 수 있게 되었으니 이제 우리는 대한임정의 법통을 고집할 필요가 없으며, 이 문제는 보류해 두어야 될 것이다.

그러나 이승만의 주장과는 달리 미국의 한국정책은 표면적으로는 달라진 것이 없었다. 소련과의 협력을 통한 한국문제의 해결이라는 미국의 기본정책은 아직도 유효했다. 1947년 5월 21일부터 제2차 미소공위가 재개되었기 때문에 이승만은 '거짓 예언자'가 되고 말았다. 공위가 재개된 이래 이승만은 공위와의 협력을 계속 거부하고, 반탁운동을 적극적으로 전개하면서 하지와 군정 당국을 세차게 비난해 갔다.

이승만은 하지의 '유일한 정책'은 공산주의자들의 협력을 얻는 데 있다고 주장하면서 바로 그러한 하지의 독단적인 정책은 미국의 공식적인 정책을 무시하는 것이라고 맹렬히 비난했다. 나아가 이승만은 국무부의 점령지역담당 차관보인 존 힐드링(John H. Hilldring) 장군과 맥아더 장군이 임시정부를 수립하기 위한 총선거의 실시를 자기에게 약속했다고 주장하기도 했다. 이윽고 7월 3일 이승만은 남한 단독 정부수립을 위한 자신의 계획을 실천에 옮기겠다고 말하고, 하지와의 결별을 공개적으로 선언하기에 이르렀다. 이승만과 하지 사이의 악화되어 온 관계가 그 절정에 달하는 순간이었다.

군정 기간 동안 이승만과 김구는 그 누구보다도 하지에게 있어 가장 골치 아픈 존재들이었다. 그들의 행동이 너무나 극단적이었기 때문에 오히려 공산주의 운동을 도와 주었던 측면도 있었으나, 전반적으로 볼 때 그들은 공산주의의 확산을 막는 방파제의 역할을 담당한 점도 하지는 인정했다. 또한 하지는 비록 '슬픈 일'이기는 하지만 유능한 한국인의 대부분이 우익에 속해 있다는 사실도 인정하고 있었다.

그러나 하지는 이승만이 그 누구보다도 자신을 가장 증오해 왔음을 잘 알고 있었다. 1947년 9월 하순 남한의 현지 사정을 파악하기 위하여 서울에 왔던 윌리엄 드레이퍼(William H. Draper) 육군차관에게 다음과 같이 말했다.

이승만은 남한에 수립될 정부나, 혹은 남북한 통일 정부에서 완벽하고 성공적인 수반(대통령)이 될 수 있는 길을 내가 가로막았다고 생각하고 있기 때문에 아마도 지금 그 어떤 한국인이나 미국인보다도 혹은 러시아인보다도 더 철저히 나를 미워하고 있다.

이러한 이유로 하지는 이승만이 자기를 '친공주의자(a pro-communist)'라고 몰아 세웠고, 또 그러한 비방과 모략의 허구를 자신이 워싱턴의 고위 당국자들에게 해명하는 데에도 지쳤기 때문에 '나를 정말로 도와주든지(so help me!)' 아니면 군정의 책임자를 이승만이 싫어하지 않는 인물로 교체하는 것도 하나의 좋은 방법이 될 것이라는 점을 드레이퍼에게 제시하기도 했다.

하지에 대한 이승만의 비난의 강도가 높아감에도 불구하고 본국 정부로부터 공식적인 반박이 없었기 때문에 하지는 미국의 정책을 자신이 '충실히' 이행하고 있다는 내용의 성명서를 국무부가 발표해 줄 것을 요청했다. 또한 1947년 7월 7일 힐드링에게 보낸 편지에서도, 하지는 이승만의 주장을 반박하지 않은 채 내버려 두면 한국민은 그러한 허구적인 주장을 그대로 믿게 될 것이라고 지적했다. 하지는 또 미국에서 활동하고 있는 이승만의 추종자들을 국무부가 상대해 주지 말 것을 아울러 건의하기도 했다.

그러나 국무부는 하지의 요청을 거부했다. 그것은 하지에게 커다란 실망이요, 동시에 엄청난 좌절감을 안겨다 주었다. 7월 14일 하지에게 보낸 답신에서, 힐드링은 국무부의 반박성명은 오히려 이승만이라는 존재를 부각하게 만들 것이며, 그의 행동에 불필요한 권위를 부여하는 결과가 될 것이며, 또 남한의 정치적 불안을 강조하는 것이 되며, 나아가 궁극적으로 소련만을 이롭게 하는 꼴이 될 것이라는 점을 지적했다. 그래도 하지는 군정의 최고 책임자로서의 직책을 충실히 수행하고 있다는 사실과 자신을 완전히 신임하고 지지한다는 본국정부의 공개적인 견해 표명이 현실적으로 매우 효과적이라는 믿음에는 변화가 없었다.

안타깝게도 국무부는 더 이상 아무런 반응을 보이지 않았다. '고위층의 조그만 도움'조차도 받지 못한다는 자신의 외로운 처지를 생각하면서 하지는 심한 좌절감을 느끼지 않을 수 없었다. 위드마이어 조사단에게 하지는 자신의 심경을 이렇게 토로했다.

만약 우리가 그것(국무부의 지지성명)을 제때에 받았으면, 우리는 한국의 극우세력과 미소공위와의 협의 대상인 정당들을 다루는 문제에서 지금보다는 강력한 입장에 놓여 있을 것으로 나는 전에도 그렇게 생각했고, 지금도 같은 생각을 갖고 있다.

어쨌든 트루먼 행정부는 1947년 7월 하순 한국문제를 국제연합(United Nations)에 이양하기로 결정함으로서 한반도로부터 '명예롭게' 퇴진하는 길을 마련했다. '한국문제를 유엔의 문제로 만든'이 결정은 '만약 곤경에 처할 경우 빠져 나오기 위한' 미국의 계산된 의도가 반영된 것이었다. 또한 미국의 결정은 한반도 신탁통치안을 현실적으로 포기함을 의미하는 것이기도 했다. 이러한 미국의 정책 변화와 관련하여 한 가지 흥미로운 사실은 냉전 초기 미국의 극동정책의 성격을 검토할 때, 트루먼 행정부의 중국정책 결정에는 육군부(국방부)보다는 국무부의 주장이 궁극적으로 수용된 반면, 한국정책의 수정 배경에는 국무부보다는 국방부의 주장이 훨씬 더 많은 영향력을 미쳤다는 점이다. 군정이 시작된 이래 국방부와 군부의 일관된 주장은 "한국으로부터 빠져 나오자(Let's get out of Korea)."는 것이었다.

처음부터 원했던 것도 아니었고, 또한 자신의 성격에도 맞지 않았던 군인정치가로서 낯선 땅 남한을 통치하면서 느껴야만 했던 하지의 좌절감은 실로 컸다. 국방부의 고위 정책수립가였던 위드마이어와 드레이퍼 육군차관에게 장시간에 걸친 브리핑에서 하지는 자신의 좌절감을 상세하게 실토했다. 하지는 만약 본국 정부가 자신을 계속 유임시킬 의도가 없으면 하루빨리 퇴진시키고, 완전한 신임을 받는 인물로 교체하는 것이 바람직하다고 건의했다. 또 하지는 워싱턴과 서울의 군정 당국 사이의 협조가 원활하지 못했기 때문에 그와 같은 좌절감은 깊어만 갔다고 지적하고, 자신이 본국 정부의 지지를 충분히 받지 못했다는 점을 매우 슬프게 생각한다고 말했다.

한국의 정치상황과 관련하여 하지는 이승만과 김구 등 극우세력이 비록 "그 누구보다도 현지에서의 우리들의 노력을 가장 심하게 방해해 왔지만," 장차 활용가치가 많기 때문에 미국은 그들을 우호적으로 상대할 필요성이 있다고 말했다. 그 이유로 하지는 이승만과 김구는 이미 현실적으로 상당한 정치적 영향력을 행사하고 있을 뿐만 아니라 그들은 공산주의를 막는 '보루(bulwark)'가 될 수 있다는 점을 상기시켰다.

이러한 이유로 하지는 이승만이 부정한 방법에 의한 정치자금의 조성과 그의 미국인 추종자들과의 뒷거래, 그리고 테러와 관련되어 있다는 정보를 많이 갖고 있었기 때문에 그를 체포하려고 여러 차례 결심하고 있었지만, 번번이 마지막 순간에 포기하고 말았다. 소련의 영향력 아래에 있는 북한과의 대결구도에서 철저한 반소, 반공주의자인 이승만을 제외하고는 다른 대안이 현실적으로 별로 없다고 하지는 믿었던 것이다. 물론 트루먼 행정부의 판단도 하지와 비슷했다.

미국의 한국정책과 관련하여 하지가 지닌 의견은 이러했다. 만약 미국이 남한에 계속 머물기로 작정한다면 '실질적인 지원'과 '엄청난 재정지원'이 필요할 것이지만, 그렇지 않을 경우에는 미국의 체면과 위신이 훼손되지 않는 범위 안에서 '가능한 빨리' 철수하는 것이 바람직하다는 것이었다. 그런데 만약 미국이 어떤 적극적인 조치를 행하지 않은 채로 계속 머문다면, 궁극적으로 남한과 북한 사이에 처절한 내란의 발생은 불가피하다는 것이었다.

요약하면 하지는 미국이 '진정한 민주주의와 건전한 경제의 표본'으로 남한을 건설하기 위한 노력을 경주하든지, 그렇지 않으면 하루 속히 한국을 떠나야 한다고 생각하고 있었다. 그러나 하지 자신은 미군의 기약 없는 남한 주둔은 '엄청난 대가'를 지불해야 한다고 믿었기 때문에 철군을 선호하고 있었다.

하지도 역시 한국이 소련의 위성국으로 전락하는 것을 결코 원하지는 않았지만, 그 역시 국방부와 합참의 견해와 마찬가지로 한반도가 지닌 군사전략적인 가치는 거의 없다고 인식했기 때문에 미군의 철수는 정당화될 수 있다고 믿었다. 이렇게 볼 때 커밍스 교수처럼 하지를 냉전 초기에 있어서 '조숙한 냉전주의자'로 규정하는 것은 잘

못이다. 오히려 하지는 한국민과 더불어 신탁통치에 기초한 미국의
비현실적인 한국정책이 몰고 간 희생물이었다고 이해하는 것이 더
타당할 것이다.

5부

이승만과
하지의 이별:
대한민국
정부수립

1947년 9월 26일 소련은 1948년 초까지 한반도로부터 미소 점령군의 공동철수를 제의하고 나섰다. 하지는 소련의 제안이 미국으로 하여금 "체면을 잃지 않고" 철수할 수 있는 길을 제공한 것으로 간주했다. 마셜 국무장관도 소련의 동시 철군안은 미국이 '한국으로부터 빠져 나올 수 있는' 길을 마련해 주었다고 생각했다. 한편, 하지는 유엔에서 한국문제가 해결되지 못하면, 미국은 '즉시' 남한만의 총선거를 실시하여 가능한 가장 빠른 시일 안으로 '남한 단독 정부(a Korean Government in South Korea)'의 수립을 적극 추진해야 한다고 본국 정부에 건의했다.

11월 중순 국무부는 하지의 정치고문인 조지프 제이콥스(Joseph E.

Jacobs)에게 군정 당국이 늦어도 1948년 3월 31일 이전에 한국에서 총선거를 실시할 수 있도록 선거법의 제정 등 제반 준비를 취할 것을 지시했다. 미국은 소련이 유엔한국임시위원단의 북한 방문을 불허할 것이라는 전제 아래, 남한 만의 총선거 실시를 결정해 놓고 있었다. 트루먼 행정부의 이러한 사전 결정은 미군 철수 이후를 대비한 구체적인 방침도 없이, 가능한 빨리 한국을 떠나겠다는 미국의 의지를 반영한 것이었다. 또한 미군 철수 이후에 어떠한 남한 정부도 독립을 유지하기가 어려울 것이라는 미국의 판단이 군정 종식 이후의 남한 정부를 위한 구체적인 계획의 수립을 불필요하게 만들었다.

국가안전보장위원회(NSC)와 중앙정보국(CIA)은, 곧 수립될 남한 정부의 생존과 안보가 매우 불안할 수밖에 없는 이유를 분명하게 제시했다. 1948년 4월 2일자로 된 한국에 관한 정책지침서(NSC-8)에서, NSC는 미국은 "북한이나 혹은 다른 국가에 의한 명백한 침략행위를 제외한 어떠한 공격에 대해서도 남한의 안전을 효과적으로 보호해 줄 수 있는 수단"으로 남한경비대를 강화할 필요가 있다고 건의했다. 그러나 NSC-8은 만약 강력한 북한군의 공격을 받을 경우 남한 정부는 자력으로 독립을 유지할 수 없다고 판단하고 있던 CIA의 분석과 견해를 분명하게 수용했다. 따라서 NSA-8은 한국 내에 있는 어떠한 세력에 의해서 취해진 어떠한 행동도 미국에게 '개전(開戰)의 이유(casus belli)'가 되는 사건으로 간주되는 일이 없도록 미국은 한국 사태에 '너무 깊이' 개입해서는 안 된다고 적시했다. 4월 8일 트루먼 대통령은 NSC-8을 승인했다.

어쨌든 1947년 12월 중순 국무부의 훈령에 따라, 하지는 한국의 정치지도자들이 남한만의 총선거 실시의 가능성에 관한 논의를 자제해 줄 것을 당부했다. 물론 김구를 비롯한 온건 좌파도 남한 지역만이 아닌 남북한 전 지역의 총선거를 실시해야 한다고 거듭 주장했다. 그러나 국제연합 임시한국위원단에 대한 소련의 태도가 확고하다는 사실을 익히 알고 있었던 많은 한국 정치지도자들은 총선거가 궁극적으로 "오로지 남한만의 단독 정부수립"을 초래할 것이라고 확신하고 있었다.

이승만은 하지의 권고와 경고에도 불구하고, 계속해서 남한 만의 즉각적인 선거의 실시를 주장했을 뿐만 아니라 군정의 최고 책임자인 하지의 체면과 위신을 떨어뜨리려고 부단히 노력했다. 실제로 국무부는 이승만의 집요한 비판과 행동을 하지가 제어하지 못하고 있다고 판단하고, 한때나마 하지를 '다른 1급의 3성이나 4성 장군'으로 교체하는 문제를 신중히 고려했지만, 육군부의 강력한 반대로 무산

되었다.

1948년 1월 8일 서울에 도착한 국제연합 임시한국위원단은 하지와 협의한 후 남한만의 총선거를 1948년 5월 9일(나중에 일식관계로 다음 날인 10일로 변경됨)에 실시하기로 결정했다. 이제 한반도에는 이념을 달리하는 적대적인 두 개의 정권의 출현이 불가피하게 되었다. 이것은 또한 미국의 한국정책이 궁극적으로 실패했음을 의미하는 것이기도 했다. 다시 말하면 국제연합의 일원으로서 외부의 간섭과 지배를 받지 않는 독립적이고, 민주적인 통일한국의 수립이라는 트루먼 행정부의 공식적인 정책목표가 포기되었던 것이다.

2월 25일 마셜 국무장관은 미국의 한국정책이 실패했다는 사실을 그의 홍보담당 보좌관인 레지널드 미첼(Reginald P. Mitchell)에게 개인적으로 다음과 같이 고백했다.

> 우리는 우리가 수행할 수 없는 정책을 고수해 왔다는 사실을 우리 자신이 발견하게 된다. 루스벨트·처칠 그리고 장제스가 아주 그럴듯하게 말한 자유롭고 독립적인 한국의 건설이라는 그들의 약속은 이행될 수 없게 되어 있다.

3월 초 하지와 군정 당국은 총선거의 준비와 미군의 철수를 위한 계획을 수립했다. 이 계획안에는 6월 1일까지 남한의 정부수립을 완료하며, 10월 30일까지 철군을 끝내는 것으로 되어 있었으며, 특히 새로운 정부가 발족하는 대로 하지는 '즉시' 한국을 떠나야 한다는 점을 강조했다. 왜냐하면 군정 기간 내내 견원지간의 관계였던 이승만이 정권을 잡는 상황에서 하지가 계속 한국에 남아 있다는 사실은 도저히 '상상할 수 없는(unthinkable)' 일이라는 것이었다. 마지막으로 이 계획안은 미국 의회가 남한을 위해 2년 내지 3년 동안의 경제원조안을 승인해 줄 것을 희망했다.

한편 선거일자가 다가오면서 좌익 진영은 남한만의 총선거 실시에 반대한다는 그들의 주장을 더욱 강화시켜 나갔다. 1948년 초 남한 전역에서는 폭동과 파업이 발생했다. 5월 총선거는 한국의 궁극적 통일을 목표로 한다는 하지의 공개성명서 발표에도 불구하고 사태는 진정되지 않았고, 계속 폭력이 난무하는 가운데 경찰과 폭동자들 쌍방의 사상자들만 증가되어 갔다. 사태가 더욱 악화되어 가자 하지는 점령군이 대규모의 소요에 적절히 대처할 수 없을지도 모른다고 우려했다.

국제연합 임시한국위원단과 트루먼행정부가 5월 총선거 실시 방침에 하등의 변동이 없기 때문에 하지는 선거에 한국민이 참여하도록 설득하는 방법 이외는 다른 선택의 길이 없었다. 3월 하순에 하지는 만약 한국민이 총선거를 거부한다면 한국 전체가 "혼란과 공산주의와 외국에게 예속당할 위험성이 대단히 많다."고 경고하기도 했다.

남한에서만의 선거 실시 문제에 대한 우익 진영의 반응도 서로 달랐다. 1946년 6월 초 이래 남한에서의 선거 실시를 주창해 왔던 이승만과는 달리 김구와 김규식은 이에 반대해 왔고, 그 대신 한국의 통일을 위한 남북한 지도자회의의 개최를 제안했다. 1948년 3월 25일 북한은 이 제의를 수락하고, 김일성은 4월 14일 평양에서 열리는 그 회의에 15명의 남한 정치지도자들을 공식적으로 초청했다.

그러나 남한지역에서의 분리선거에 대한 소련의 강력한 반발로 인하여 북한이 남한에 전력 공급을 중단했을 뿐만 아니라 남한에 전력 공급을 중지하고 한반도 전체에 작용되는 새로운 헌법을 5월 1일 채택했기 때문에 한국의 통일을 성취하기 위한 한국 지도자들의 노력은 얼마 가지 않아서 실패하고 말았던 것이다. 처음부터 남북한 지도자 연석회의는 실패할 수밖에 없었다. 왜냐하면 그러한 계획은 미소 점령당국의 긴밀한 협조가 전제되어야 했기 때문이었다. 하지 사령관은 그 회의가 한국 전체를 지배하려는 공산주의자들의 명백한 저의를 나타낸 것이라고 신랄히 비난하기도 했다.

좌익 진영의 방해에도 불구하고 군정 당국의 선거준비는 순조롭게 진행되어 갔다. 4월 말까지 총 유권자의 94퍼센트가 투표하기 위해 등록했다. 한편, 선거일자가 일식(日蝕) 관계로 다음날인 5월 10일로 변경되었다. 선거준비가 별 무리 없이 진행되어 감에 따라 하지는 선거가 '비교적 조용한 분위기' 속에서 실시될 될 것이라고 낙관하고 있었다.

5월 10일 제헌국회를 구성하기 위한 총선거가 실시되었다. 총 유권자 784만 871명 가운데 절대다수인 748만 7,649명이 투표에 참가했다. 이렇듯 대다수 유권자들의 적극적인 투표권 행사는 하루빨리 군정의 통치에서 벗어나 독립국가를 주체적으로 수립하겠다는 강력한 의지를 반영하는 것이기도 했다. 비록 선거 당일 100여 명의 사상자가 발생했지만, 선거는 미 점령 당국이 기대했던 것보다 순조롭게 실시되었다.

하지의 정치담당 고문 제이콥스는 5월 12일 국무부에 선거가 '대단히 만족스럽게' 실시되었다고 보고했다. 그리하여 마셜 국무장관은 한국민에게 최초의 민주주의적인 선거의 성공적인 실시에 대해 축하하기도 했다. 국제연합 임시한국위원단도 역시 선거가 언론·집회의 자유라는 민주주의적인 권리가 존중되는 가운데 '비교적 자유스러운 분위기' 속에서 실시되었다고 결론 내렸다. 또한 한국위원단은 선거결과는 남한 유권자들의 자유의사가 정당하게 표현된 것이

대한민국 초대 대통령 취임식

라고 지적했다.

1948년 5월 10일에 실시된 총선거에서 이승만 세력과 한민당이 최대의 성과를 올렸다. 5월 31일 제헌국회는 이승만을 압도적인 지지로 의장에 선출했다. 7월 12일 대통령 중심제을 채택한 헌법이 제정되었고, 7월 17일 공포되었다. 7월 20일 국회는 이승만을 대한민국의 초대 대통령으로 선출했다. 7월 24일 오전 10시 비가 내리는 중앙청 광장에서, 이승만 대통령의 취임식이 하지 장군을 비롯해 수많은 일반 시민이 참석한 가운데 거행되었다. 그리고 8월 15일, 3년에 걸친 군정이 종식됨과 동시에 자유민주주의와 자본주의 시장경제를 신봉하는 민주공화국 대한민국이 공식적으로 수립되었다. 이로서 수십 년간에 걸친 파란만장한 영욕의 세월을 살아 왔던 노정객(老政客) 이승만은 자신이 오랫동안 꿈꾸어 왔을 대통령에 당선됨으로써 마침내 '이승만의 시대'를 열고 말았다.

5·10 총선거

'대한민국 정부수립식전'에 참석한 하지 중장, 맥아더 원수, 이승만 대통령

　　그러나 대한민국의 건국은 불행하게도 통일국가가 아닌 분단국
가의 모습으로 등장하고 있었다. 이 신생 독립국가의 생존 가능성
에 대한 미국의 회의적인 전망 속에서 대한민국은 출범하고 있었다.
곧이어 9월 9일 북한의 최고인민회의도 조선민주주의인민공화국의
수립을 선포했다. 이념이 서로 다른 적대적인 두 개 정부의 동시 출
현은 한반도의 장래가 결코 순탄할 수 없음을 예고하는 것이었다.
어쨌든 이승만 정부가 정식으로 출범함에 따라 또한 하지도 한국을
떠나야 하는 시간이 다가오고 있었다.

6부

맺으며:
비운의 동반자

이승만의 역할과 공헌

역사적 의미가 깊은 사건이나 현상에 대한 객관적 진리를 탐구하는 것이 역사가의 중요한 임무라는 데에 이론이 있을 수 없다. 역사학자 차하순(車河淳)은 "당시대적 의미든, 현재적 의미든 간에 역사적 의미의 추구는 사실 그 자체를 정직하고 충실하게 분석하는 작업을 토대로 해야 한다"고 주장하고, 역사의 현재적 요청을 강조하기 위하여 때때로 사실을 과장하거나 미화하며, 심지어 조작하는 경우가 있는데 이러한 행위는 '역사의 날조'라고 경고한 것은 적절한 지적이다.

역사가는 미소의 대결구도 속에서 좌우익의 이념적 갈등이 첨예했던 해방공간과 같은 정치적 격동기를 주도했던 주역들의 언동과 역할을 분석하고 평가할 때, 특히 그러한 '경고'에 유념해야 할 필요가 있다. 따라서 냉전시대사에 대한 탁월한 연구업적으로 국제역사학계가 주목해 온 미국의 외교사가인 존 개디스(John Lewis Gaddis) 교수의 지적처럼 "정치가들은 그 당시 그들이 믿고 있는 바를 바탕으로 해서 (정책을) 결정하는 것이지, 후일 수십 년이 지난 다음 역사가들이 어떤 결론을 내릴 것인가를 염두에 두고 결정하는 것은 아니다."라는 점에 주목해야 할 것이다. 해방정국이라는 주어진 상황 속에서 활동했던 두 핵심 주역인 이승만과 하지의 경우도 그 예외가 아닐 것이다.

이승만의 남한 단독 정부수립론은 해방정국의 주도권을 장악하기 위해 그가 선택한 고도의 정치적 승부수였다는 점도 물론 인정해야 되겠지만, 한반도 전체의 공산화를 우려한 철저한 반공주의자인 이승만의 정치적 인식이 초래한 차선책이었을 수도 있었다는 점도 간과해서는 안 될 것이다. 소련의 통치하에 북한의 공산화가 기정사실화 되어 가는 상황 속에서 통일 민족국가 건설론은 민족적 당위론이기는 하지만 너무나 관념적이고, 비현실적인 주장이라고 이승만은 믿었기 때문이다. 한반도에 냉전구도가 확연히 정착되었다고 인식한 이승만은, 그의 단정론이 적어도 남한에서만이라도 독립과 민주주의를 확보할 수 있는 현실적인 최선책이라고 판단했을 것이다.

다시 말해 동서 양대 진영의 치열한 이념대결로 인해 냉전이 심화되어 갔던 해방공간에서 철저한 현실주의자인 동시에 철저한 용미주의자였던 이승만의 단정노선을 냉전의 세계사적 전개와 냉전이 종식된 오늘의 시점에서 생각해 보면 그의 단정노선이 우익진영 전체의 통일된 의견으로 수렴되지 못한 아쉬움이 있다는 점에서 비록 최선은 아닐지 몰라도 차선의 선택이었다고 평가해도 좋을 것이다. 아무튼 민주공화국을 표방하는 새로운 국가인 대한민국을 창건하기 위한 역사적 과업에서 '유달리 영리한(remarkably astute)' 정치가였다고 인정받았던 이승만은 '연출'과 '주연(主演)'의 역할을, 그리고 미국은 '조연(助演)'의 역할을 담당했다고 평가할 수 있다.

남한 정부가 수립된 직후 미국 중앙정보부(Central Intelligence Agency)가 작성한 '대한민국의 생존에 관한 전망'이라는 보고서에는 정치가 이승만을 다음과 같이 분석한 대목이 있다.

이승만은 한국의 최고 통치자가 되고자 하는 궁극적인 목표를 가지고 한국의 독립을 위해 일생을 바쳐왔다. 그는 한국민의 마음 속에 반공주의의 상징이 되었다. 결론적으로 이승만은 대단히 빈틈없는 정치가임을 스스로 증명해 냈다.

앞에서도 언급한 바 있지만 이승만의 역할과 공헌에 대한 역사적 평가는 매우 다양하다. 이승만에 대한 긍정적인 평가들도 과장된 측면이 있겠지만, 부정적인 평가들은 인색하거나, 지나치게 가혹한 측면이 있다. 이는 이승만에 대한 공평한 대우(待遇)가 아닐 것이다. 허물이 없는 사람은 아무도 없다. 따라서 이승만도 예외가 아니다. 90년에 걸친 이승만의 파란만장했던 인생 여정에도 숱한 허물이 있었다. 특히 대통령 이승만은 12년에 걸친 장기집권을 통한 권위주의적 독재정치로 많은 과오를 범함으로써 한국의 민주주의 발전을 저해·지연시킨 책임을 면할 수 없다. 그렇다고 해서 이승만이 남긴 탁월한 업적을 폄하하거나 경시해서는 결코 안 될 것이다.

이승만의 허물을 의도적으로 덮거나 희석시키는 것과 마찬가지로 그것을 지나치게 확대·과장하는 것도 그에 대한 객관적인 평가를 가로막는 장애물이다. '역사적' 인물 이승만의 공(功)과 과(過)를 그가 처했던 특수한 상황과 시대적 조건을 충분히 고려하여 차분하게 따져본 연후에야 비로소 그에 대한 정당한 평가가 가능할 것이다. 지금으로부터 40여년 전인 1970년대 초, 저명한 언론인이자 존경받는 역사가였던 천관우(千寬宇) 선생은 역사적 인물의 평가 기준에 관하여 다음과 같이 말한 적이 있다.

특히 우리나라와 같이 인물이 많지 않은 형편에서 어떤 인물에 대한 극단적인 평가는 피했으면 좋겠어요. 한 인물에 대해서 조그만 흠이라도 찾아서 부정적인 결론을 내리기로 말하면 성하게 남아날 사람이 우리 역사상에 몇 있을 것 같지 않습니다. 되도록이면 좋은 점을 발견하는 아량과 관용으로 플러스와 마이너스를 총결산해서 플러스편이 크면 우선 긍정적으로 평가해 놓고, 그 테두리 안에서 흠을 말하는 것이 좋을 것 같습니다. 요즘도 그저 깎아내려서 인물들을 죽이는 풍조가 심한 것 같지 않습니까?

우리 모두가 경청할 만한 대목이다. 그의 지적이 지금도 여전히 유효하고 적절하다고 믿기 때문이다. 해방과 분단 70주년을 맞이하는 이 시점에서 해방정국의 주역으로서 대한민국 건국에 핵심적인 역할을 담당한 이승만의 정치적 신념과 역할 그리고 공헌도 새롭게 재평가되어야 할 것이다.

하지의 역할과 한계

군정의 최고 책임자인 동시에 남한주둔 미 점령군 사령관으로서 남한에서 하지가 보낸 3년의 기간은 결코 보람 있었던 세월이 아니었기 때문에 한국을 떠나는 시기가 어쩌면 그에게 너무 늦게 찾아온지도 모른다. 국무부와 육군부의 의견 대립과 남한 정계의 좌우익의 첨예한 이념대결로 점철된 정치현장의 주역으로서 군정 3년은 정치적 감각이 세련되지 못한 하지 같은 인물이 감당하기에는 너무나 긴 세월이었을 것이다.

트루먼 행정부가 한국문제를 국제연합에 떠넘김으로서 미국의 국가위신에 커다란 훼손 없이 한반도로부터 '명예롭게' 퇴진하는 방안을 최종적으로 결정할 때까지 하지의 고통과 좌절은 계속되었다. 몇 차례에 걸친 하지의 사직(辭職) 의사도 수용되지 않았다. 군정의 책임자로 남아 있는 한 자신의 좌절감은 그의 정치적 능력과는 거의 상관없이 감수할 수밖에 없는 그러한 성질의 것이었다.

이렇듯 하지에게는 자신의 역량과는 거의 무관하게 본질적으로 한국문제를 해결해 나갈 수 없는 '거의 불가능한 임무'가 처음부터 주워졌던 것이다. 한국민은 말할 것도 없이 군정의 최고 책임자라는 '가장 힘든 직책'을 수행해야만 했던 하지 자신도 오만하고도 비현실적인 한반도 국제신탁통치안에 기초한 미국의 한국정책이 초래한 궁극적인 희생자였다고 말할 수 있다. 만일 하지가 아닌 다른 사람이 군정 책임자로 임명되었다고 하더라도 미국의 한국정책과 한국의 정치적 상황전개에는 별다른 변화가 없었을 것이다.

점령지역에 관한 정책결정은 기본적으로 국무부의 업무소관이었고, 육군부(국방부)은 결정된 정책을 집행하도록 처음부터 역할분담이 되어 있었다. 하지는 결정된 한국정책을 효율적으로 집행하는 것이 그에게 부여된 가장 중요한 임무였다. 또한 하지는 정책의 집행기관으로서 자신의 한계를 익히 알고 있었을 뿐만 아니라 그 한계를 벗어나려고 노력하지도 않았다. 1948년 초 오랫동안 이승만의 측근으로 활동해 온 정한경(미국명 Henry Chung)과의 대담에서 하지는 "나는 한국정책을 결정하는 사람이 아니라 다만 그것을 집행할 뿐이

다."라고 말한 것은 그의 한계와 처지를 단적으로 보여주는 대목이
기도 하다.

이승만과 하지: 비운의 동반자

군정 3년 동안 이승만과 하지는 그야말로 견원지간의 관계였다. 그러나 그들은 견원의 동반자였다. 왜냐하면 이승만은 군정의 최고 책임자라는 엄연한 현실을 인정할 수밖에 없었고, 하지 또한 반공의 보루가 될 수 있는 철저한 반공주의자로서 막강한 정치적 세력을 확보하고 있는 이승만의 정치적 위상을 현실적으로 인정할 수밖에 없었기 때문이었다. 두 사람 모두 상대방을 자신의 목적달성에 가장 커다란 장애물이라고 인식했기 때문에 정치적으로 제거되기를 강력히 희망했지만, 그것은 그들의 능력 밖의 일임을 또한 잘 알고 있었다. 이승만과 하지. 그들은 서로 그토록 싫어했지만, 현실적으로 다른 대안이 있을 수 없는 불가피한 동반자임을 인정해야만 했다.

1948년 8월 24일 밤. 대통령 이승만은 노스캐롤라이나의 육군 제 5군단장이라는 새로운 직책을 맡기 위해 본국으로 떠나는 하지를 위해 베푼 환송연에 참석했다. 두 사람 모두에게는 그야말로 만감이 교차하는 자리였을 것이다. 이승만은 외교적 수사를 동원하여 대한민국의 건국에 공헌한 하지의 업적을 치하했고, 하지는 답사에서 의례적으로 '이승만의 건강과 한국의 번영'을 기원했다. 이날 밤 두 사람은 다소 어색한 분위기 속에서 많은 대화도 나누지 않았으며, 이날의 회동은 결국 마지막 만남이 되고 말았다.

하지가 서울을 떠나기 전날 이승만은 하지에게 "비록 당신과 나 사이에 때로는 약간의 오해가 있었지만, 하지 중장은 한국민의 가슴 속에서 결코 잊혀 지지 않을 것"이라고 적은 마지막 위로의 편지를 보냈다. 한편 하지는 한국민에게 보낸 고별사에서 남한에는 자기 이익만을 추구하는 '기회주의적인 정치가들'이 있다고 지적하면서 모두 개인적인 야심을 버리고 오로지 한국민 전체의 이익을 위해 합심 노력할 것을 마지막으로 주문했다.

그러나 이승만 정권과 남한의 정치적 장래에 대한 불안과 우려를 떨쳐 버리지 못한 채 8월 27일 하지는 그리던 본국으로 향했다. 실로 3년 만에 그에게도 진정한 '해방'이 찾아온 것이다. 동시에 이승만과 하지의 '비운의 동반자' 관계도 마침내 청산되었다. 그날 이후

하지가 세상을 떠날 때까지 15년 동안 두 사람은 한 번도 만남의 기회를 갖지 못했다. 군정 3년 동안 이승만과 하지가 서로 가슴속에 품고 있었던 앙금의 골이 두 사람의 인간적인 화해를 시도하기엔 너무나 깊었는지도 모른다. 본국으로 돌아간 하지는 제5군단장과 야전군사령관으로 복무한 후, 1953년 육군대장으로 예편했고, 1963년 노환으로 월터 리드(Walter Reed) 육군병원에서 사망했다. 2년 뒤인 1965년 이승만도 이국(異國) 땅 하와이에서 파란만장했던 90년의 일생을 쓸쓸히 마감했다. 이승만과 하지는 각기 서울과 워싱턴의 국립묘지에 안장되었다.

해방과 분단 그리고 군정 기간 동안 가장 중요한 정치적 현안이었던 '한반도 국제신탁통치안'과 '남한 단독 정부수립안'을 둘러싸고 전개된 치열한 좌우익의 이념 대결과 갈등으로 소용돌이친 한국 현대사의 길목인 해방공간에서 비록 '비운'의 동반자가 될 수밖에 없었지만, 이승만과 하지의 정치적 선택과 행보가 신생 독립국가 민주공화국 대한민국의 건국에 미친 영향은 깊고도 넓다.

참고문헌

김영호 편,『대한민국 건국 60년의 재인식』, 기파랑, 2008.

박지향 외,『해방전후사의 재인식 1-2』, 책세상, 2006.

안병훈 엮음,『건국 대통령 이승만의 생애』, 기파랑, 2015.

유영익,『건국 대통령 이승만: 생애·사상·업적의 새로운 조명』, 일조각, 2013.

유영익 편,『이승만 연구: 독립운동과 대한민국 건국』, 연세대학교 출판부, 2000.

이인호 외,『대한민국 건국의 재인식』, 기파랑, 2009.

이정식,『대한민국의 기원: 해방 전후 한반도 국제정세와 민족 지도자 4인의 정치적 궤
    적』, 일조각, 2006.

이주영,『이승만과 그의 시대』, 기파랑, 2011.

이한우,『우남 이승만: 대한민국을 세우다』, 해냄, 2008.

차상철,『해방 전후 미국의 한반도 정책』, 지식산업사, 1991.

차상철,『미군정시대 이야기』, 살림, 2014.

Sangchul Cha, The Search for 'a Graceful Exit':Gen. John Reed Hodge and American
    Occupation Policy in Korea, 1945-1948 (Ph. D. Dissertation, Miami University, 1986)

Young Ick Lew, The Making of the First Korean President: Syngman Rhee's Quest for
    Independence, 1875-1948 (Honolulu: University of Hawaii Press, 2014)

이승만과 하지 장군

펴낸날	초판 1쇄	2015년 5월 30일

지은이	차상철
펴낸이	김광숙
펴낸곳	백년동안
출판등록	2014년 3월 25일 제406-2014-000031호

주소	경기도 파주시 광인사길 30
전화	031-941-8988
팩스	070-8884-8988
이메일	on100years@gmail.com

ISBN	979-11-86061-28-2 04300

※ 값은 뒤표지에 있습니다.
※ 잘못 만들어진 책은 구입하신 서점에서 바꾸어 드립니다.

이 도서의 국립중앙도서관 출판시도서목록(CIP)은 서지정보유통지원시스템 홈페이지
(http://seoji.nl.go.kr)와 국가자료공동목록시스템(http://www.nl.go.kr/kolisnet)에서
이용하실 수 있습니다.(CIP제어번호: CIP2015013859)

책임편집 홍훈표